Berlin Wall Art   Arte en el Muro de Berlin   L'Art sur le Mur de Berlin

Berliner Mauer Kunst

Heinz J. Kuzdas

Mit East Side Gallery

Text: Michael Nungesser

ESPRESSO

Vollständig überarbeitete, aktualisierte und erweiterte Neuausgabe des 1990 bis 1992 in fünf Auflagen erschienenen gleichnamigen Bandes. Der Text von Michael Nungesser wurde von Heinz J. Kuzdas geringfügig bearbeitet und um die beiden Kapitel »Der rote Strich« und »East Side Gallery« ergänzt.

Übersetzungen:
Englisch: Oliver Mechcatie und Heinz J. Kuzdas
Spanisch: Karin Alker und Helena Herrero Madaula
Französisch: Laurence Marfaing und Claudia Schulz

Umschlaggestaltung:
Marina Siegemund unter Verwendung von Mauermalereien von Indiano, Leuschnerdamm / Waldemarstraße Januar 1990 (Vorderseite), sowie East Side Gallery (Rückseite, Autor unbekannt)
Abbildungen Innentitel: oben Christophe Bouchet, Potsdamer Platz 1988, unten Jolly Kunjappu (Indien / BRD), East Side Gallery 1990
Gestaltung, Satz und Lithografie: Agentur Marina Siegemund, Berlin
Druck: Preses Nams Corp., Printed in Latvia
ISBN 3-88520-634-X
8. Auflage 2004

Bethaniendamm / Mariannenstraße 1988
Falsche Mauer
False Wall
Muro falso
Mur faussé

Dieses Buch möchte ich vor allem meinen Eltern und meiner Tochter Carolin Maya widmen, die an der Mauer sieben Jahre ihrer Kindheit verbrachte und für die der Abriß der Mauer eine viel bessere Zukunft verspricht. Gleichfalls danke ich meiner Frau Inge und Roswitha Fischer für ihre Unterstützung.

I dedicate this book to my parents and my daughter Carolin Maya, who spent seven years of her childhood at the Wall and the opening promises a greater future to her. I am equally grateful to my wife Inge and to Roswitha Fischer for their support.

Este libro lo quiero dedicar ante todo a mis padres y a mi hija Carolin Maya, que ha vivido 7 años de su infancia cerca del Muro y cuya apertura le promete un grandioso futuro. Igualmente agradezco a mi esposa Inge y a Roswitha Fischer por su colaboración.

Je désire dédier ce livre à mes parents et ma fille Carolin Maya qui a passé sept ans de son enfance auprès du Mur et pour qui la chute du Mur représente un avenir prometteur. Je remercie également ma femme Inge et Roswitha Fischer pour leur soutien.

Bernauer Straße / Wedding 1984

Leuschnerdamm / Waldemarstraße 1984
Mauerkunst, Lebenskunst Berlin ist öffentliche Bedürfnisanstalt
Wall art is art of life Berlin is a public restroom
Arte en el Muro, arte de vivir Berlin es un retrete público
Le Mauerkunst, l'art de vie Berlin est cabinet d'aisances

Vorwort von Walter Momper
Regierender Bürgermeister von Berlin 1988 – 1990

Seit dem 9. November 1989 hat die »Berliner Mauer«, die Berlin teilte, ihre Funktion verloren. Sie war ein Produkt des Kalten Krieges. Aber mit dem Abriß der Mauer verschwanden auch die – teilweise recht kunstvoll – bemalten und besprühten Abschnitte. Wir werden die Mauer nicht vermissen, wohl aber die Mauerkunst. Auch deshalb ist es wichtig und verdienstvoll, die Bilder festzuhalten für spätere Generationen, die über diese Zeit den Kopf schütteln mögen. Es ist wichtig, daß man sich an die Mauer erinnert, als steingewordenes Symbol politischen Versagens. Aber auch daran, wie die Menschen sich – zwangsweise – an sie gewöhnten und sie in ihr Alltagsleben integrierten, indem sie sie bemalten.
Kunst gegen Beton. Die Kunst hat gewonnen.

Forword by Walter Momper
Mayor of Berlin 1988 – 1990

On November 9th, 1989 the Wall that once divided Berlin lost its function. It was a product of the Cold War. But with the pulling-down of the Wall, many of the sometimes beautifully painted parts are bound to disappear as well. We have no regrets for the Wall but we will sure miss the Wall Art.
It is therefore important and enriching to document these artworks for the generations to come. It is important for the Wall to be remembered for beeing a concrete proof of political failure as well as for the way people got adjusted to and integrated it into everyday life by painting it.
Art challenged concrete and art won.

Prólogo de Walter Momper
Alcalde de Berlin 1988 –1990

Desde el 9 Noviembre de 1989 el Muro que dividí a Berlin ha perdido su función. Fue un producto de la Guerra Fría. Con el la caída del Muro desaparecerán también las secciones pintadas – en parte verdaderas obras de arte. No echaremos de menos el Muro, pero sí el arte del muro. También es importante y merecido que las pinturas permanezcan allí para las generaciones posteriores, las que posiblemente no llegarán a comprender estos tiempos. Es importante que se recuerde el Muro como un símbolo de piedra de un fracaso político. Pero también el hecho, de como los hombres, a la fuerza, se acostumbraron a él y lo integraron en su vida cotidiana, entretanto ellos lo dibujaban.
Arte vs. Hormigón. El arte ha ganado.

Préface de Walter Momper
Bourgmestre de Berlin de 1988 – 1990

Depuis le 9 novembre 1989 le Mur de Berlin qui avait séparé Berlin a perdu sa fonction. Avec la disparition du Mur ont disparu les parties peintes souvent de façon artistique. Le Mur ne nous manquera point, mais le Mauerkunst. Il est donc important et surtout enrichissant de conserver cette peinture pour les générations à venir qui pourraient être tentées d'oublier cette époque. Il faut se souvenir du Mur, comme le symbol pétrifié de l'échec politique. Il faut s'en souvenir aussi parce que les gens se sont habitués à son existence et l'ont intégré dans leur vie de tous les jours en le transformant en une oeuvre d'art.
L'Art contre beton. L'art a gagné.

Einleitung von Heinz J. Kuzdas

Die Berliner Mauer Kunst war ein einzigartiges kollektives Kunstwerk, das sich täglich, oft über Nacht, konstant veränderte – manches wurde erst am Vortage angebracht, während es in der folgenden Nacht wieder übermalt und von neuen Enthusiasten verfeinert wurde. Sie war auch umstritten – für die einen eine ärgerliche Mauerkosmetik, für die anderen ein Barometer der Zeitgeschichte, wie beispielsweise die berühmten Wandzeitungen im alten China.
Hier verwandelte eine spielerische, neue, farbige Ironie ein depressives, perfektioniertes politisches Horrorgrenzgebilde in die »längste Kunstleinwand der Welt«. Da entstand etwas, wofür wir den vielen namhaften, aber auch unbekannten Mauerkünstlern großen Dank schulden, der bisher nicht nur von den denkmalpflegerischen Verantwortlichen verweigert wird. Natürlich gibt es auch die Stimmen, die die Erinnerung an die »Berliner Mauer« nur an »Todesstreifen und Stacheldraht« erhalten wollen.

Introduction by Heinz J. Kuzdas

The Berlin Wall was also a unique collective artwork, which changed daily and often overnight – paint actions disappeared the next day by somebodies new work of art or was modified in new surprising ways. There was of course controversy – some people saw in painting the Wall only disgusting cosmetics, others similar to the historical wall-newspapers in China, a somehow index of »Zeitgeist« – mood index continuum – as one wrote onto the Wall. But here we observed a colourful, new irony art, misusing and transforming a depressing horrible perfected inhuman and dangerous borderline and turning it into the longest canvas of art. Something came to existence for what we owe recognition and greatfulness to the many known and unknown who participated. So far there was no such intention from the official public. There are so many who only disire to keep alive the memory of the Wall of death and barbed wire.

Introducción de Heinz J. Kuzdas

El Arte en el Muro de Berlín fue una obra de arte colectiva única, que cambiaba a diario, muchas veces de la noche a la mañana. Algunas pinturas, realizadas el día anterior, se cubrían con nuevas pinturas al día siguiente, o bien otros entusiastas las »perfeccionaban«. También fue objeto de polémica. Para algunos, una especie de maquillaje indeseado, para otros un barómetro de la historia contemporánea, así como por ejemplo los famosos periódicos murales en la China antigua.
Aquí una nueva ironía jugetona y multicolor cambiaba y abusaba de una construcción política horrorosa, perfeccionada y depresiva, conviertiéndola en »la tela de arte más larga del mundo«. Así se creó algo que debemos a muchos artistas famosos, pero también a otros desconocidos, a los que hasta hoy nadie ha dado las gracias, ni siquiera los responsables de la conservación de monumentos. Desde luego también hay voces que quieren guardar el recuerdo del Muro de Berlín sólo con alambre de espinas y las tristemente famosas »rayas de la muerte«.

Introduction de Heinz J. Kuzdas

Le *Mauerkunst* (graffiti sur le Mur de Berlin) a été une oeuvre collective unique qui se transformait quotidiennement, en général la nuit. De façon permanente les oeuvres créées dans la journée étaient repeintes la nuit suivante et toujours perfectionnées avec le même enthousiasme. Cet art était pourtant source de conflits. Pour les uns, il s'agissait d'un acte esthétique particulièrement agaçant, pour les autres il était un baromètre de l'histoire contemporaine tel le célèbre journal mural de la Chine ancienne.
Ainsi une nouvelle ironie ludique et multicolore transformait et réemployait l'horrible symbole de la séparation d'une politique dépressive et perfectionniste en »la toile la plus longue du monde«. Nous devons une profonde reconnaissance aux artistes du Mur connus et inconnus, cette reconnaissance qui jusqu'à présent n'a pas été refusée uniquement par les responsables de monuments commémoratifs. Bien sûr il y a aussi les voix de ceux qui ne veulent se souvenir du Mur de Berlin qu'en tant que »barbelés et bande de terrain miné«.

▶
Zimmerstraße / Checkpoint Charlie 23. 10. 1986
Keith Haring bei der Arbeit
Keith Haring at work
Keith Haring en plena labor
Keith Haring au travail

Potsdamer Platz
27.11.1989
Abtransport der Mauer
Removal of the Wall
Planchas de hormigón al lado de las grúas
L'enlèvement du Mur

Berlin wird mauerfrei

Die von Unbekannten 1988 am Potsdamer Platz auf die Mauer geschriebene Prophezeiung »Berlin wird mauerfrei« und die Unterschrift »Die Mauer ist in euren Köpfen«, wurde in der Nacht vom 9. auf den 10. November 1989 um 24 Uhr Wirklichkeit: Die Regierung der DDR erklärte – unter dem wachsenden Druck der Bevölkerung – die uneingeschränkte Reisefreiheit. Noch in der gleichen Nacht tanzten Ost- und Westberliner auf der Mauer vor dem Brandenburger Tor. Politiker aller Parteien und Länder waren gleich überrascht vom Lauf der Geschichte. »WAHNSINN« war das Wort der damaligen Wochen! Von Souvenirjägern und anderen »Mauerspechten« seit diesem Tag mit Hammer und Meißel bearbeitet, wurde die Mauer sprichwörtlich durchlässig. Sie wurde dünn und löchrig, von Narben übersät, manchmal kaum noch standfest und mußte durch Stahlplatten zusammengehalten werden. Die Berliner Mauer, über 28 Jahre Symbol der Trennung und Unüberwindbarkeit der politischen Gegensätze und Systeme, verwandelte sich in einen Ort der Begegnung, wurde zum Zeichen der Öffnung und Vereinigung Deutschlands und bereitete endlich den Weg für ein wirklich vereintes Europa.

Berlin will be Wall Free

The prophecy scrawled on the Wall in 1988 »Berlin wird mauerfrei« (Berlin will be wall free) came to pass at midnight on November 9th, 1989. The Goverment of the GDR in those days, yielding to pressure from the people, announced unrestricted freedom of travel, effective immediately. That very night, Berliners from both East and West danced on the Wall in front of the Brandenburg Gate. Politicians of all parties and countries were equally surprised by the course of history. For months there was only one word heard so often: »WAHNSINN« (insane). Souvenir hunters and other »wall pekkers« made the Wall practically threadbare. The Wall was soon pockmarked and perforated. Steel reinfor-cement plates were needed to prevent the Wall from collapsing. The Berlin Wall, for 28 years the physical proof of division and political oppositions, became a place of meeting and of the opening and unification of Germany and prepared at last the way to a really unified Europe.

Berlín se liberará del Muro

La profecía »Berlín se liberará del muro«, escrita por desconocidos en 1988 en Potsdamer Platz se hizo realidad en la medianoche entre el 9 y 10 de Noviembre de 1989: bajo la creciente presión de la población, el gobierno de la RDA declaró la libertad de salida irrestricta. En esta misma noche, berlineses de Este y Oeste bailaron sobre el Muro frente a la Puerta de Brandenburgo. Políticos de todos los partidos y países quedaron igualmente sorprendidos por el curso de la historia. »WAHNSINN« – »LOCURA« fue la palabra de aquellas semanas. Atacado con martillos y cinceles por buscadores de recuerdos y otros »Pica Muros«, el Muro se volvió literalmente poroso. Fragilizado y agujereado, salpicado con cicatrices, algunas veces quedó tan dañado que tuvo que ser fijado con planchas de acero. El Muro de Berlín, conocido durante 28 años como símbolo de división y de las oposiciones insuperables de los sistemas políticos, se convirtió en un lugar de encuentro, el símbolo de la apertura y de la reunificación de Alemania, preparando por fin el camino hacia una Europa realmente unida.

Berlin sera libéré de son Mur

La prophétie écrite par des inconnus sur le Mur à la Postdamer Platz en 1988 »Berlin sera libéré de son Mur« signée »Le Mur est dans vos têtes« est devenue réalité dans la nuit du 9 au 10 novembre 1989 à minuit: sous la pression populaire, le Gouvernement de la RDA déclarait totale la liberté de voyager. Cette nuit-là encore, les Berlinois de l'Est et de l'Ouest ont dansé sur le Mur devant la Porte de Brandebourg. Les politiciens tout comme les partis et les Etats étaient eux-mêmes surpris du cours de l'histoire. »C'est délitant«, devint le leitmotiv de la semaine! Les chasseurs de souvenirs et autres »casseurs de Mur« qui travaillaient depuis ce jour avec les marteaux et les burins ont littéralement transpercé le Mur, ils l'ont parsemé de trous, de cicatrices, il menaçait parfois tant de s'écrouler, qu'il fallait le soutenir avec des plaques d'acier. Le Mur de Berlin, depuis 28 ans, symbole de la séparation et de l'impossibilité de communication entre deux systèmes et deux politiques opposées devenait lieu de rencontre ainsi que le signe d'espoir et de rassemblement de l'Allemagne, ouvrant ainsi le chemin d'une Europe unie.

Potsdamer Platz 1988
Christophe Bouchet / Thierry Noir

Westberlin 1945 – 1989

Berlin war ein konserviertes Resultat des Zweiten Weltkriegs. 1945, nach der Befreiung vom Faschismus, wurde Berlin, ehemalige Hauptstadt des besiegten Deutschen Reiches, von den siegreichen Alliierten in vier Verwaltungssektoren aufgeteilt. Der US-amerikanische, britische und französische Sektor umfaßte den Westteil, der sowjetische Sektor den östlichen Teil der Stadt. 1949 entstand in den übrigen Westzonen die Bundesrepublik Deutschland, und in der Ost-Zone gründete sich die Deutsche Demokratische Republik. In der Folge wurde das alliierte Groß-Berlin geteilt und der sowjetische Ostsektor zur Hauptstadt der DDR erklärt. Der Westteil blieb in drei Sektoren aufgeteilt und unterstand bis 1989/90 dem alliiertem Kontrollrecht. Westberlin lag somit als »besondere politische Einheit« abgetrennt von der Bundesrepublik mitten in der DDR. Vor dem Hintergrund einer massiven Fluchtbewegung begann die DDR am 13. August 1961 mit dem Bau der Mauer. Der geschlossene Mauerring um den Westteil der Stadt machte Berlin zu einer Insel auf dem Festland des »realen Sozialismus«. 28 Jahre hatte das betonierte Symbol für ein geteiltes Deutschland Bestand, rund 250 Tote wurden offiziell registriert, erst in den siebziger Jahren wurden die Selbstschußanlagen entschärft und der Schießbefehl aufgehoben. Aber besonders angesichts von Perestroika und Glasnost in der UdSSR und anderen Warschauer-Pakt-Staaten erwies sich die Mauer zunehmend als ein politisches Fossil des Blockdenkens. Dennoch galt sie bis zuletzt als unüberwindbares Hindernis.

Westberlin 1945 – 1989

Berlin was a concrete consequence of World War II. After liberating Berlin from fascism in 1945, the Allies divided both Germany and Berlin, capitol of the German Empire, into four sectors. The American, British and French sector comprised the western part, the Soviet sector the eastern part.

In 1949 the western zones became the Federal Republic of Germany and the eastern zone the German Democratic Republic which chose East-Berlin as its Capital. The western half of the City remained under Allied control. Situated in the heart of the GDR, West-Berlin held a unique political position. As a deterrent to mass emigration, the GDR began the construction of the Wall on August 13th, 1961. The subsequent walling-in of West-Berlin created an island on the mainland of »real socialism«. In the Wall's 28 years, approximately 250 escape-related deaths were officially reported; automatic spring-guns and the shoot-to-kill order were not abolished until the 70s. In the era of perestroika and glasnost, the Wall turned into a political fossil of the old Cold War mentalitiy. It nevertheless represented an insurmountable obstacle until the very end.

Berlín Oeste 1945 – 1989

Berlín: un resultado concreto de la Segunda Guerra Mundial. En 1945, después de la liberación del fascismo, los aliados dividen la antigua capital del derrotado Reich alemán en cuatro sectores administrativos. Los sectores norteamericano, británico y francés integran la parte Oeste de la ciudad y el sector soviético la parte Este. En 1949 nace en las zonas occidentales la República Federal de Alemania y en la zona Este se crea la República Democrática Alemana. Como consecuencia de esto Berlín es dividida y el sector Este es declarado capital de la RDA. La parte Oeste permane-

Zimmerstraße / Wilhelmstraße
1985
US-Soldaten besuchen die Mauer
U.S. soldiers visit the Wall
Soldados norteamericanos visitan el Muro
Les soldats US-américains visitent le Mur

ce dividida en tres sectores y continúa hasta 1989/90 bajo el control de los aliados. Berlín occidental queda por consiguiente como »unidad política espcial«, separada de la RFA y dentro del territorio de la RDA. Frente a una masiva fuga de la población, la RDA inicia la construcción del Muro el 13 de Agosto de 1961. El Muro cerrado, rodeando la parte Oeste de la ciudad, convierte a Berlín en una isla dentro del continente del »verdadero socialismo«. El símbolo de hormigón para una Alemania dividida, tuvo una duración de 28 años; alrededor de 250 muertos fueron registrados oficialmente. No fue hasta los años 70 que se desactivaron las instalaciones de autodefensa y se levantó la orden de disparar. Pero particularmente, en vista de Perestroika y Glasnost en la URSS y en otros Estados del Pacto de Varsovia, el Muro se mostró cada vez más como un fósil político del pensamiento del Bloque. Sin embargo fue considerado hasta el final una barrera invencible.

Berlin-Ouest 1945–1989

Berlin était un résultat découlant de la Seconde Guerre. En 1945, après la défaite du fascisme, l'ancienne capitale de Reich allemand vaincu est partagée en quatre secteurs administratifs par les Alliés. Les secteurs anglais, américain et français se trouvaient dans la partie Ouest et le secteur soviétique, dans la partie Est. A partir de 1949, la République Fédérale d'Allemagne se mettait en place dans la partie occidentale du pays pendant que la République Démocratique allemande occupait la partie orientale. En conséquence, le secteur occidental de Berlin occupé par les Alliés est séparé du secteur soviétique oriental qui est promu capitale de la RDA. La partie occidentale est restée partagée entre les Alliés et sous leur contrôle jusqu'en 1989/90. C'est ainsi que Berlin-Ouest devint une entité politique particulière coupée du reste de la République Fédérale au milieu de la République démocratique. Devant le flot toujours grandissant de réfugiés fuyant le secteur oriental, la République Démocratique construisit le Mur à partir du 13 août 1961. Le Mur circulaire autour de la partie ouest de la ville faisait de Berlin-Ouest un îlot sur le sol du »Real sozialismus«. Pendant 28 ans le Mur de béton fut le symbole de l'Allemagne séparée. On y enregistra officiellement 250 morts. Ce n'est que dans les années 70 que les installations de tir automatiques furent désamorcées et que les ordres de tirer cessèrent. Cependant, face à la Perestroïka et au Glasnost de l'Union soviétique et des autres Etats du pacte de Varsovie, le Mur devenait de plus en plus un fossile de la pensée politique du bloc Est, même si, jusqu'au dernier moment, il a été considéré comme un élément immuable.

Görlitzer Ufer 1984
Phantasie hat keine Grenzen
Chinesische Mauer
Imagination has no limits
Wall of China
La fantasia no tiene límites
Muralla China
La phantasie non est limitée
Le mur chinois

▶ **Waldemarstraße 1985**

PAS AT
QUEPAS

Bethaniendamm / Adalbertstraße
1989
Christophe Bouchet /
Thierry Noir

Bethaniendamm / Adalbertstraße
1984, Christophe Bouchet,
Thierry Noir et al.
Was wir wollen gibts nicht zu kaufen
What we want can not be bought
Lo que nosotros queremos no está en venta
Ce que nous voulons ne peut être achêté

Mauer verpaßt – Kunst verpaßt

Bevor sie Ende der siebziger Jahre ihr letztes perfektioniertes Aussehen erhielt, durchlief die Mauer die Stadien des Stacheldrahtzauns und der Backsteinmauer, die ab 1963 nach und nach durch Betonplatten ersetzt wurde. Als ein »Un-Bau« der Architekturgeschichte, folgte selbst die »Mauer« mit ihrer Dreiteilung in Sockel, Wandfläche und Betonrolle als Kapitell der tradierten, in der Antike wurzelnden Säulenordnung. Am Anfang war die Mauer primitiv und roh, nur vereinzelte wilde schriftliche Graffitiparolen sprangen ins Auge. Ende der sechziger Jahre hatte die Studentenbewegung visuelle Agitationsmedien wie Flugblatt, Plakat, Transparent und auch Wandparolen für sich neu entdeckt und verbreitete sie dort. Doch erst mit der Spontibewegung und den Hausbesetzern, anläßlich der Sanierungsproblematik, setzte zusammen mit Touristen- und Kinderkritzeleien Ende der siebziger Jahre die wilde farbige »Tätowierung der Mauer« ein. Die von der DDR auf Dauer angelegte »Modernisierung« der Mauer bedeutete die Errichtung einer nackten homogenen weißgetünchten Wand, die spontane Reaktionen provozierte und zu einem qualitativen Sprung in den bildnerischen Ausdrucksformen führte. Die Mauer verwandelte sich im Laufe der Zeit in ein Abbild und Stimmungsbarometer des Zeitgeistes – natürlich weniger des herrschenden als des opponierenden.

Missed the Wall – Missed the Art

At first, the Wall was nothing more than barbed wire and a brick wall. Beginning in 1963, the wire and brick were slowly replaced by uniform, steelreinforced concrete panels. In the late 70s the final version reached completion. Although, as a whole, an architectural monstrocity, each single panel of the Wall ironically obeys the laws of the classic column, with a »base«, »pillar«, and »crown«. In the early days, the surface was bare and grey, with only scattered graffiti. But at the end of the 60s, the student movement discovered the Wall as a perfect medium for visual protest. The heavy tatooing of the Wall began in the late 70s when house squatters, tourists, and children started dashing off messages and greetings. This new form of artistic expression began to mirror the »Zeitgeist« or spirit of the actual time.

El Muro pasa – el arte pasa

Antes de adquirir su aspecto perfeccionado, a finales de los 70, el Muro pasó por diversas fases, desde el alhambrado de púas hasta el muro de ladrillos, los cuales a partir de 1963 fueron paulatinamente reemplazados por planchas de hormigón. A manera de contradicción a la Historia de la Arquitectura, con su triparitición en zócalo, pared y tubo de hormigón como capitel, el Muro obedeció al orden tradicional arquitectónico de las columnas enraizado en la antiguedad. En su comienzo, el Muro ofrecía un aspecto primitivo y tosco, tan sólo algunas consignas dibujadas, aisladas y salvajes, saltaban a la vista. A fines de los 60, el movimiento estudiantil descubrió nuevos medios de agitación: octavillas, carteles, pancartas y lemas aparecieron en las paredes, extendiéndose luego a lo largo del Muro. No obstante, no fue hasta la aparición del »movimiento espontáneo« (»Sponti-Bewegung«) y los »okupas« (»Hausbesetzer«), a finales de los 70, que el salvaje y multicolor tatuaje del Muro fue iniciado, junto con los garabatos de turistas y niños. La modernización trazada con el tiempo significó

▲
Luckauer Straße 1984
Laßt mein Bild mit der Mauer streben
Let my paint die with the Wall
Deja mi pintura morirse con el Muro
Laissez ma painte mourir avec le Mur

la construcción de una pared homogénea lisa y sin ningún adorno, la cual provocó una reacción espontánea y condujo a un salto cualitativo de formas de expresión artística. Con el tiempo, el Muro se convirtió en un reflejo y barómetro del »Zeitgeist«, desde luego más del oponente que del dominante.

Celui qui est arrivé trop tard au Mur a raté l'Art

Le Mur est passé de la clôture de barbelés au mur de briques à partir de 1963, pour finir par être formé de plaques de béton dans les années 70 période à laquelle il obtint son allure définitive. Avec ses trois parties, le socle, les plaques murales et le bahut de béton, le Mur est entré dans l'histoire de l'architecture en tant que "anti-construction" dans le chapitre des Colonnes, lesquelles ont leurs racines dans l'Antiquité. Au début, le Mur était primitif et cru et seulement quelques graffiti épars sautaient aux yeux. Dans les années 60, les mouvements estudiantins avaient développé de nouveaux slogans sous formes de pancartes, transparents, banderoles qui après avoir fortement influencé l'évolution des médias, furent rapidement étalés sur le Mur. Cependant ce n'est vraiment que dans les années 70 que le Mur a été littéralement tatoué par toutes sortes d'acteurs: les mouvements spontanés, les squatters, les touristes et même les enfants. Les efforts de modernisation de la RDA en ce qui concerne le Mur, consistaient à la réalisation d'un Mur homogène, ce qui ne manquait pas de susciter régulièrement des réactions provocant l'évolution qualitative des formes d'expression murale. Le Mur se transformait avec le temps en une sorte de baromètre de l'esprit du temps, bien évidemment de ceux qui étaient dans l'opposition plus que de ceux qui étaient au pouvoir.

Die Mauer
Stahlbetonplatten mit Fundament
Größe 3,20 m x 1,20 m
Gewicht je Element 3t
Gesamtlänge der innerstädtischen Grenze zwischen Ost- und West-Berlin 45,1 km

The Wall
Steel reinforced concrete panels with foundation.
Size: 3,20 x 1,20 m
Weight per panel: 3 tons
Total length of the inner city border between East- and West-Berlin: 45,1 kilometers

El Muro
Planchas de acero y hormigón con cimientos
Medidas 3,20 x 1,20 m
Peso de cada pieza 3t.
Largo total de la frontera entre Berlin Este y Oeste: 45,1 km

Le Mur
Plaques de béton
Mesures: 3,20 m x 1,20 m
Le poids de chaque plaque: 3t
La longueur de la frontière entre Berlin-Est et Berlin-Ouest: 45,1 km

Luckauer Straße / Waldemarstraße 1985
Verschiedene unbekannte Mauermaler
Various unknown Wall painters
Diferentes artistas murales desconocidos
Artistes divers inconnus

Mauerästhetik

Stimuliert durch die Aktionen einzelner Künstler, nahmen besonders in den achtziger Jahren die bildlichen Darstellungen zu. Aus der Beschaffenheit des Bildträgers und den Arbeitsbedingungen entwickelte sich eine eigene Mauerästhetik. Die Freiheitsstatuen von Christophe Bouchet und Thierry Noir, die als die ersten großflächigen Mauermaler in Erscheinung traten, machten deutlich, wie vielfach die regelmäßige Vertikalgliederung der »neuen« Mauer durch die Fugen der Betonplatten als Format übernommen oder kompositorisch genutzt werden konnte. Andere Mauermaler, wie Keith Haring mit seiner hundert Meter langen Figurenkette, wurden gerade durch die endlos scheinende Breite der Malfläche zu mäanderartigen Bilderbändern motiviert, oder es entstanden Panoramabilder, so in den Gemeinschaftsarbeiten von Bouchet und Noir.
Eckige Figuren, Zeichen und Farben einer Darstellung am Bethaniendamm / Ecke Adalbertstraße erinnerten an die Malereien mexikanischer Frühkulturen, wo Wandmalerei und Architekturbemalung als wichtige Informationsquellen Tradition haben. Die Bildbegrenzung durch die Fugen der Mauer wurde dort durch die zusätzliche Gestaltung des Sockels unterstützt. Sockel und »Rolle«, als besonders exponierte Teile der Mauer, bekamen oft dekorative oder rahmende Funktion. Die nur mit Mühe erreichbare und zur Fluchterschwerung gedachte »Rolle« wurde meist Beschriftungen vorbehalten, wie Titel oder Signatur der Urheber.

Aesthetics of the Wall

Stimulated by the work of several artists, the 80s have been a notable increase in Wall Art on a grand scale. The Wall Art aesthetics evolved from the harsh working conditions faced by the artist – not only the difficult surface of the Wall »canvas«, but also potential interference by the authorities, which forced most work to be done at night. The size and dimension of the Wall allowed such panoramic murals as Keith Haring's 100 meter figure chain; and Bouchet and Noir's »Statues of Liberty«, which illustrates how panels of the wall were used individually or in composition with each other. Angular figures, signs, and colours in a painting at the corner of the Bethaniendamm and Adalbertstraße in Kreuzberg were reminiscences of the paintings found in ancient Mexico. The base and the prominent crowning »roll« served both a decorative and framing function. The crowning roll, hard to reach and designed to inhibit escape, was usually reserved for titels and signatures.

Estética del Muro

Estimuladas por las acciones de artistas individuales, especialmente en los años 80, las exposiciones artísticas aumentaron. Se desarrolló una estética propia del Muro, partiendo de las cualidades del soporte pictórico y de las condiciones de trabajo. Las Estatuas de la Libertad de Bouchet y Noir hicieron comprensible cuantas veces la regular disposición vertical del »nuevo« Muro, mediante las uniones de las planchas de hormigón, se tomó como formato o se aprovechó como medio de composición. Otros muralistas fueron motivados precisamente por la aparentemente infinita extensión del área a pintar, a realizar un conjunto de grabados en forma de meandros, como Keith Haring con su cadena de figuras de 100 m de extensión. También resultaron dibujos panorámicos como en los trabajos en conjunto de Bouchet y Noir.
Figuras geométricas, dibujos y colores de una exposi-

ción en Bethaniendamm, esquina con Adalbertstraße, recuerdan a las pinturas de las antiguas culturas mexicanas, donde el arte mural y la arquitectura se acogen a la tradición como importante fuente de información. La limitación de los dibujos por las uniones del Muro se reforzó con la posterior elaboración del zócalo. Zócalo y »tubo«, como partes del Muro particularmente expuestas, lograban a menudo una función decorativa o enmarcadora. El »Tubo«, alcanzable solo con esfuerzo e ideado para dificultar la fuga, se reservaba mayormente para inscripciones a manera de título o firma del autor.

L'esthétique du Mur

C'est dans les années 80 que, stimulée par quelques artistes, l'expression graphique du Mur, prit sa forme artistique. Sous l'action conjuguée des meilleures conditions de travail et de la transformation qualitative même du support artistique qu'était devenu le Mur, s'est développée une véritable esthétique du Mur. Les Statues de la liberté de Christophe Bouchet et de Thierry Noir ont montré à quel point les grandes plaques de béton, régulières et verticales qui composaient le Mur, pouvaient permettre des compositions originales. D'autres peintres du Mur, tel Keith Haring montraient à quel point l'impression d'infini produite par la longueur du Mur pouvait être utilisée pour des banderoles de motifs s'étalant sur des centaines de mètres ou pour des panoramas comme l'ont montré les travaux réalisés en commun de Bouchet et Noir. Les figures géométriques, les dessins et les couleurs représentés sur le Bethaniendamm au coin de la Adalbertstraße ne sont pas sans rappeler les peintures des cultures mexicaines anciennes qui utilisaient les fresques et les peintures architecturales comme moyen d'information traditionnel. Les limitations des images provoquées par les joints des plaques du Mur sont mises en valeur par la décoration des socles. Les socles tout comme le bahut de l'assise supérieure du Mur étaient particulièrement exposés et servaient en général pour des décorations en relief ou pour le cadre. Les bahuts, de par leur exposition particulièrement dangereuse et difficile à atteindre étaient en fait généralement utilisés pour les signatures ou les titres des oeuvres.

Künstlerische Techniken

Daneben fanden sich aber auch ungezählte Darstellungsformen, die völlig unabhängig von Formaten und anderen Gegebenheiten der Mauer waren. Dazu gehörten besonders Schablonenbilder, Piktogramme, Symbole, Einzelfiguren, Texte und allgemeine Graffiti. Künstlerischen Techniken waren auf der Mauer kaum Grenzen gesetzt: mit Kreide oder Filzstift gezeichnet, mit Pinsel oder Rolle gemalt, mit der Sprühdose gespritzt, Relief- oder sogar Mosaikarbeiten. An Stellen, wo die Mauer eng an Wohnhäusern vorbeizog, konnte die leblose graue Wand durch Begrünung, Befestigung der Wäscheschnur und applizierte Objekte, wie Fenster und Blumenkästen, zum Gartenzaun werden und zur Stadtrandidylle mutieren. In der »Deutschstunde«, einen Roman von Siegfried Lenz zitierend, wurden sogar anläßlich der Erinnerung an den 25. Jahrestag des Mauerbaus, Objekte in Bezug zur Mauer gestellt – so etwa ein Schülerpult vor einer auf die Mauer gemalten Tafel: Nachhilfestunde für Politiker, Bürger und Touristen, über Mauern, Grenzen, Blöcke und den Status Quo hinauszudenken.
Bei aller Vielfalt der künstlerischen Äußerungen und Ausdrucksformen gab es motivische Konstanten, die mit Bedeutung und Funktion der Mauer zusammenhingen. Symbole des Sich-Öffnens, der Hoffnung auf Überwindung der Grenzen, der Wunsch, die Mauer durchsichtig zu machen, standen an erster Stelle. In Reißverschluß, Loch, Tür, Leiter oder Treppe vergegenständlichten sie sich. Der Blick »durch die Mauer« begegnete freundlichen Gesichtern, idyllischer Landschaft, einer besseren Welt.

Artistic techniques

There were no limitations as to artistic technique: one could use chalk, felt tip, paint brush or roller, aerosol spray, relief or mosaic. In places where the Wall passed by apartement houses, the dead gray has often been covered with vines, decorative old windows and flower pots – turning it into a suburban paradise.
In »Deutschstunde« (Lesson in German), referring to a novel by Siegfried Lenz, on occasion of the 25th anniversary of the Wall, even objects were related to the Wall –like a real pupil's desk in front of a painted blackboard, symbolizing lessons for politicians, inhabitants, and tourists to trespass walls, borders, block-thinking and the status quo.
In spite of the diverse modes of expression, most themes relate directly to the Wall, its meaning and function, with the majority of images depicting the hope of overcoming borders, and wish for the Wall to fall. These thoughts were conveyed by pictures of zippers, holes, doors, ladders, stairs, etc. A »fissure« often showed friendly faces, idyllic landscapes, a better world on the other side.

Técnicas artisticas

Al mismo tiempo también se encuentran innumerables formas de exposiciones, que son independientes del formato y otras características del Muro. A este grupo pertenecen particularmente los graffitis de molde, pictogramas, símbolos, figuras sueltas, textos y graffitis en general.
Las técnicas artísticas empleadas en el Muro fueron ilimitadas: dibujos con tiza o rotulador, pinturas con pincel, rodillo o spray, trabajos en relieve e incluso mosaicos. En lugares donde el Muro se hallaba cerca de las casas, la inerte pared gris se pudo reverdecer con plantas, sirvió para colgar una cuerda para tender la ropa o aplicar objetos como ventanas y maceteros, transformándolo así en la cerca de un idilio periférico de la ciudad. En la »Clase de Alemán« (»Deutschstunde«), citando la novela de Siegfried Lenz, incluso se colocaron objetos en relación con el Muro, un pupitre de escuela frente a una pizarra pintada en el Muro - lecciones para políticos, habitantes y turistas. Horas de repaso sobre muros, fronteras, bloques y el status quo.
A pesar de la gran variedad artística existieron motivos constantes vinculados con el significado y la función del Muro. Símbolos de la apertura, esperanza de la eliminación de las fronteras, el deseo de poder ver a través del Muro estaban en primera línea. Mirando a través del Muro se encontraron rostros amistosos, paisajes idílicos, un mundo mejor.

Techniques picturales

A côté des oeuvres, on trouvait toutes sortes de formes totalement indépendantes les unes des autres et des formes mêmes du Mur. Il s'agissait surtout de pictogrammes, de pochoirs, de symboles, textes divers et graffiti. Le Mur offrait des possibilités infinies pour toutes sortes de techniques picturales: on y dessinait à la craie, au feutre, au pinceau ou au rouleau, à la bombe, enfin on y trouvait même des dessins en relief et des mosaïques. Aux endroits où la distance entre le Mur et les habitations était trop étroite, le Mur gris et froid servait de support pour les cordes à linge, les plantes ou l'application de divers objets
et servait de fenêtre, de barrière et était transformé en idylle urbaine. Lors du 25ième anniversaire qui commémorait la construction du Mur, on a cité die *Deutschstunde* de Siegfried Lenz en présentant des objets ayant rapport au Mur: un pupitre placé devant un tableau représenté sur le Mur symbolisait des cours de rattrapage pour politiciens, citoyens, touristes, de façon à ce qu'ils se posent des questions sur le Mur, la frontière, les blocs Est et Ouest et le statu quo.
Au-delà de ce foisonnement d'expression artistique, l'on trouve également des constantes en rapport avec la fonction et la signification du Mur. En première place on trouve tous les symboles en rapport avec »l'ouverture«, l'espoir de victoire sur les frontières, le désir de rendre le Mur transparent. Une fermeture éclair, un trou, une porte, un escalier ou une échelle en sont la représentation. Le regard posé à travers le Mur représente des visages aimables, des paysages idylliques un monde meilleur.

IST DOOF
Erlei
15
Deutsch-
stunde

Jutta
GUNDI
HELGA
DORIS
Wolfgang
16.8.86

HAMPTON
GARY

Unendliche Reproduzierbarkeit

Gegen Ende der Existenz der »Mauer« in den achtziger Jahren hatten sich die Schablonen-Graffiti oder sogenannte französische »Pochoirs« als stilistisches Phänomen in der Mauerkunst verbreitet. Eine Sonderform, die Reihung gleicher gesprühter Motive, »Serigraffiti«, war seinerzeit typisch für die Pariser Wandbild-Szene. Die Mauermalerei bot durch die unübersichtlich gigantischen Maße des Malgrundes nur wenige Möglichkeiten, alle Betrachter zu erreichen. Insofern war die »unendliche Reproduzierbarkeit des Kunstwerkes« ein wortwörtlich zu nehmender Kunstgriff, sein Publikum auf einer Gesamtlänge von 45 Kilometer zu finden. Wie die Aura des traditionellen Kunstwerkes vor allem in seiner Einmaligkeit besteht, so erfüllte sich die Aura der Schattenbilder von Schablonengraffiti gerade dadurch, daß das gleiche Motiv immer wieder auftauchte, unausweichlich, wie die Mauer selbst.

Infinite reproduction

Stencil graffiti or »Pochoirs« had become more popular during the midst of the 80s. This repetition of identical motifs, »serigraffiti«, was typical of a Parisian graffiti scene. Because of the gigantic dimensions of the »canvas« the Wall art could not reach all possible spectators, therefore the »infinite reproduction« was an artistic way to find them. With stencil graffiti, a single image could be repeated frequently at intervals along the 45 kilometers of innercity Wall and, therefore, seemed to be everywhere, like the Wall itself.

Infinita reproduccion

Hacia el final de su existencia, en los años 80, los graffitis de molde o »Pochoirs« se extendieron como un fenómeno estilístico en el arte del Muro. Una forma especial, la sucesión de motivos idénticos, los llamados »Serigraffitis«, fueron entonces típicos en la escena mural parisina. Por la gigante extensión del área a pintar, la pintura en el Muro ofrece pocas posibilidades de encontrar a todos los espectadores. La »infinita posibilidad de reproduccion de la obra de arte« es hasta aquí un recurso que se debe tomar al pie de la letra para tener a su público en una extensión total de 45 km. Como el aura de la obra de arte tradicional reside sobre todo en su singularidad, así el aura de las siluetas de los gráficos se cumple precisamente e inevitablemente como el Muro mismo.

Reproduction infinie

Vers la dernière phase de l'existence du Mur, dans les années 80, les pochoirs s'étaient multipliés sur le Mur tels un phénomène stylistique. Une forme particulière faisant parti de la série »sérigraffiti« y était typique dans le monde des fresques parisiennes. Les dimensions géantes du support mural rendaient l'idée qu'il était pratiquement impossible d'atteindre tous les spectateurs. En ce sens l'idée de »la reproduction artistique infinie« prit toute sa dimension: toucher le public sur une longueur de 45 km Ainsi, tout comme l'aura d'une oeuvre artistique traditionnelle se trouve dans son unicité, celle des images du »serigraffiti« se reproduisait à l'infini, de plus en plus présentes, incontournables, tel le Mur lui-même.

Zimmerstraße / Wilhelmstraße
1985
Heinz J. Kuzdas: *Positiv Vibration*

▶
Niederkirchnerstraße /
Stresemannstraße 1987
Deutscher Sekt für alle
German champagne for everyone
Champán alemán para todos
Champagne allemand pour tous

▼ Indiano, Bethaniendamm

WERE
MUCH
ARSTEN

S! '84
I'm living
in a box
© 22.X.87
C.W. M.W.
LORI
THE
88
KSV

Brandenburger Tor

Die »Mauervisite« begann an einem Tor am Ende der Prachtstraße Berlins Unter den Linden, den Berliner Champs-Elysées. Das Brandenburger Tor ist nicht nur Wahrzeichen Berlins, sondern war auch Zentrum politischer Manifestationen: In der Märzrevolution 1848 zogen die Berliner durch das Brandenburger Tor, im März 1933 ließ Hitler hier die SA aufmarschieren, 1945 wehte die rote Fahne über der Quadriga des Brandenburger Tors, am 17. Juni 1953 wurde bei einer Demonstration die Staatsfahne der DDR heruntergerissen.
Seit dem 13. August 1961, dem Bau der Berliner Mauer, gehörte das Brandenburger Tor zum Sperrbezirk der Mauer und wurde damit als Ort der Meinungsäußerung stillgelegt. Am 9. November 1989 wurde die entmündigte Architektur wieder zum Tor und 1989/90, in der Sylvesternacht, wurde die schwarz-rot-goldene DDR-Fahne gegen die blaue Europafahne ausgetauscht.

Brandenburg Gate

The visit to the Wall began at the Bandenburg Gate, at the end of Berlin's Champs-Elysées, Unter den Linden. More than just a symbol of Berlin, the Gate was historical setting for major political events. The March Revolution of 1848 began here. Hitler marched through with his stormtroopers in 1933. And in 1945, the red flag was raised on the Quadriga, the Gate's crowning statue; the flag was torn down on June 17th, 1953 by unsatisfied workers. Beginning in 1961, the Brandenburg Gate and its grounds fell into the prohibited area of the Wall and ceased to be a place of political events.
On November 9th, 1989 the idle monument was seen as a point of passage again. On New Year's Eve that same year, someone exchanged the East German flag for the blue flag of the European Union.

Puerta de Brandenburgo

La »visita al muro« comenzaba en una puerta al final de la principal avenida de Berlín, Unter den Linden, los Campos Eliseos de Berlín. La Puerta de Brandenburgo no sólo es un símbolo de Berlín, sino que fue también centro de manifestaciones políticas: en la revolución de marzo de 1848, los berlineses marcharon a través de la Puerta de Brandenburgo. En marzo de 1933 desfila aquí la SA de Hitler, en 1945 la bandera roja flamea sobre la cuadriga, y el 17 de junio de 1953, en una manifestación, la bandera nacional de la RDA se quita del mástil.
Desde el 13 de agosto de 1961, el comienzo de la construcción del Muro, la Puerta de Brandenburgo perteneció a la zona prohibida y tierra de nadie de las instalaciones del Muro y con eso se la silenció como lugar de expresión de las opiniones.
El 9 de noviembre de 1989, de la noche a la mañana, la inhabilitada arquitectura se convirtió nuevamente en una puerta y en la noche de año nuevo de 1990 la bandera negra, roja y dorada de la RDA se sustituyó por la bandera azul de Europa.

Porte de Brandenbourg

La visite du Mur commençait à la porte de la somptueuse avenue berlinoise: »Unter den Linden«, les Champs-Elysées berlinois. La Porte de Brandebourg n'est pas uniquement le symbole de Berlin, c'est aussi le centre des manifestations politiques: pendant la révolution de mars 1848 les Berlinois marchèrent sous la Porte de Brandebourg, c'est également à cet endroit que Hitler fit défiler les SA en mars 1933, en 1945, c'est sur le fronton de la Porte de Brandebourg que flotta le drapeau rouge; le 17 juin 1953, c'est également à cet endroit que l'on déchira les drapeaux de la RDA. Depuis le 13 juin 1961, date de construction du Mur, la Porte de Brandebourg faisait partie de la zone interdite ainsi que du no man's land; ainsi le lieu symbolique de l'expression des idées était bâillonné. Enfin, le 9 novembre, le monument passé sous tutelle redevint dans la nuit de la Saint sylvestre 1989/90 la Porte sur laquelle fut échangé le drapeau noir-rouge-or de la RDA contre le bleu de l'Europe.

**Brandenburger Tor / 1791
Architekt Carl Gotthard
Langhans**

1794 wurde die in Kupfer getriebene Quadriga des Bildhauers Johann Gottfried Schadow auf dem Tor montiert. 1945 zerstört, wurde eine rekonstruierte Fassung 1948 wieder aufgestellt. Die Mauer war an dieser Stelle im Halbrund um den Platz gebaut und ungewöhnlich massiv konstruiert: ein doppelwandiger Achatbeton mit Stahlarmierung, Höhe 2,50 m und 1,80 m Breite.

In 1794 the copper Quadriga by sculptor Johann G. Schadow was mounted on the gate. Destroyed in 1945, a reproduction took its place in 1948. The Wall at this location formed a half circle and was built exceptionally large and strong. The steel reinforced double-wall of agate-concrete was 2,5 m high and 1,8 m thick.

En 1794 se montó sobre la puerta la Cuádriga forjada en cobre por el escultor Johann G. Schadow. En 1945 fue destruída y en 1948 se volvió a instalar una copia restaurada. En esta parte el Muro hacía una curva alrededor de la plaza y especialmente aquí ha sido más solidamente construido: una doble pared de hormigón con estructura de acero. Altura 2,50 m y espesor 1,80 m.

En 1794 le quadrige en cuivre réalisé par le sculpteur Johann Gottfried Schadow a été fixé au dessus de la Porte. Détruit en 1945, une copie l'a remplacé en 1948. Le Mur était construit en demi-cercle autour de la place et de façon particulièrement massive à cet endroit: doubles plaques de béton armé de 2,50 mètres de haut et de 1,80 mètre de large.

Immer an der Wand lang: Mauergang

Das Mauerkunstwerk begleitete den Spaziergänger in Richtung Checkpoint Charlie wie ein gemalter Prospekt auf leergefegter Bühne. Hier belebte sich Mitte der achtziger Jahre die Mauer mit bunten märchenhaften Bildern. Ihre Autoren waren die französischen Maler Christophe Bouchet (*1959, Saint Aignan) und Thierry Noir (*1958, Lyon), die nicht nur wesentlichen Anteil an der Mauerkunst, sondern auch Humor hatten: Kaninchen, die sich auf dem mit Unkrautvernichtungsmittel verseuchten Todesstreifen an der östlichen Mauerseite zwischen »spanischen Reitern« (Panzersperren), jedoch ohne staatliche Kontrolle ungehemmt vermehren konnten, bevölkerten visuell als Comic-Hasen die groteske Welt aus Phantasiefiguren auf der westlichen Mauerseite.
West-Berliner und ihre Besucher gingen von nun an hier spazieren, führten ihre Hunde aus oder radelten an der Mauer entlang, um ihre täglichen kreativen Veränderungen zu entdecken.

A Walk along the Wall

The graffiti artwork accompanied the pedestrian on his way toward Checkpoint Charlie like a painted backdrop on an empty stage. Beginning in the mid 1980s, the Wall was livened up with bright and fanciful murals by French painters Christoph Bouchet (* 1959, Saint Aignan) and Thierry Noir (* 1958, Lyon), who have not only made a great contribution to the Wall Art, but also have done so with humor: the rabbits who were living peacefully, without state control, in No Man's Land were comically reproduced in a bizarre world of fantasy creatures on the western side of the Wall.

Siempre a lo largo de la pared: el paseo del Muro

Las obras de arte del Muro acompañaban al caminante en dirección a Checkpoint Charlie como un telón de fondo pintado sobre un escenario acicalado. Aquí el muro resucitó, a mediados de los 80, con unos fabulosos dibujos coloridos. Sus autores fueron los pintores franceses Christophe Bouchet (*1959, Saint Aignan) y Thierry Noir (*1958, Lyon), quienes no solo tuvieron una significativa participación en el arte del muro, sino que también mostraron su sentido del humor: Reprodujeron en un mundo de creaturas fantásticas, del lado occidental del Muro, a los conejos que se multiplicaban, sin control estatal, entre las barreras antitanques, en la franja de la muerte, en del lado oriental.
Desde entonces los berlineses del Oeste y sus invitados iban de paseo, sacaban a sus perros o daban una vuelta en bici a lo largo del Muro, descubrían así los constantes cambios creativos.

Toujours le long du Mur: la promenade

Le Mur accompagnait ensuite le promeneur dans la direction du Checkpoint Charlie telle une affiche peinte sur une scène déserte. Depuis les années 80, le Mur s'ornait à cet endroit d'images féeriques. Christophe Bouchet (né en 1959 à Saint-Aignan) et Thierry Noir (né en 1958 à Lyon) en étaient les auteurs. Ils ont non seulement beaucoup apporté à l'art mural mais ils avaient également le sens de l'humour: des lapins qui se reproduisaient sans aucun contrôle de l'Etat entre les »cavaliers espagnols« (les barrages antichars) sur le Chemin de la Mort malgré les désherbants chimiques sur le côté Est du Mur, se reproduisaient sous nos yeux sous forme de lapins grotesques de bandes dessinées issus d'un monde fantastique sur le côté Ouest. Les Berlinois de l'Ouest et les visiteurs se promenaient ainsi le long du Mur à pied, en vélo, avec leur chien, pour découvrir les changements créatifs quotidiens.

Interview mit den beiden französischen Mauerkünstlern

Bouchet: Das ist etwas. Und ihr, was habt ihr getan?... Die Leute reden viel und wagen nichts.
Noir: Wir malen so schnell wie möglich. Je schneller es geht, desto besser wird's. Ich habe einen Pott Blau, einen Pott Gelb, einen Pott Rot, fertig. Ich male mit Rollen, zak, zak, zak, schnell, Formen. Dann sprühe ich die Konturen.
Bouchet: Ich male anders: Ich benutze, was ich von den alten Graffiti sehen kann und kleide sie an ... Es ergeben sich Figuren, große Landschaften, große Monster, die ihre Zähne zeigen.
Noir: ... und wir brauchen auch Farben für die Mauer ....
Bouchet: Ja, sogar die gräßlichsten Farben, das ist uns egal, denn manchmal mixt man zwei häßliche Farben zusammen und es ergibt eine schöne neue Farbe.

Interview with the french Wall artists

Bouchet: Hey, at least that's something! And you, what have you done? People talk a lot but take no risks.
Noir: We paint as quickly as possible. The quicker it goes the better it turns out. I have one pot each of blue, yellow and red. That's it. I paint with rolers, zip, zip, quick just shapes. Then I spray the contours.
Bouchet: I paint differently, I use what I can from the old graffiti and dress it up to reveal figures, vast landscapes, big monsters baring their teeth.
Noir: ... and we also need colours for the wall ...
Bouchet: Yes, even ugly colours, we don't care, because sometimes when you mix two ugly colours you get a beautiful new colour.

Dos artistas franceses del arte del Muro hablan

Bouchet: Allí, eso es algo. Y ustedes, qué han hecho?... La gente habla mucho y no se atreve a nada.
Noir: Nosotros pintamos lo más rápido posible. Cuanto más rapido mejor. Tengo un pote azul, uno amarillo, uno rojo, y ¡Listo! Pinto con rodillo, zac, zac, zac rápido. Luego pulverizo en los contornos.
Bouchet: Yo pinto de otro modo. Utilizo lo que pueda ver de los antiguos graffitis y los realzo ... Resultan figuras, vastos paisajes, grandes monstruos que muestran sus dientes.
Noir: ... y necesitamos también pintura para el muro ...
Bouchet: Si, incluso los colores más horribles, nos da igual, pues a veces se mezclan dos colores feos y resulta uno bonito.

Interview avec les deux artistes du Mur français

Bouchet: Et c'est vrai. Vous, qu'avez-vous fait?... Les gens parlent beaucoup et ne font rien.
Noir: Nous peignons le plus vite possible. Plus cela va vite, meilleur est résultat. J'ai un pot de bleu, un pot de jaune, un pot de rouge, fini. Je peinds au rouleau, zac, zac, zac, vite, des formes. Ensuite, je dessine les contours à la bombe.
Bouchet: Je peins différemment: J'utilise ce qui reste des vieux graffiti et je les transforme... Des grands dessins, de vastes paysages, des monstres énormes qui montrent leurs dents en résultent.
Noir: ... Et nous avons également besoin de couleurs pour le Mur.
Bouchet: Oui, même les couleurs les plus laides, on s'en fout, car si on mélange deux couleurs moches, on crée parfois une belle couleur.

Potsdamer Platz

Der Krieg und der Mauerbau verwandelten Berlins verkehrsreichsten Platz in Brachland und in funktionslose Straßen aus Wiesenöde und Schlamm. Nur einige Souvenirkioske, Anlaufstellen für Touristenbusse, fielen in der kahlen Idylle auf. »Ich kann den Potsdamer Platz nicht finden«, sagte Curt Bois, der Erzähler in Wim Wenders' Film »Der Himmel über Berlin« (1987).
Dort wo die Mauer am Potsdamer Platz am 23. Dezember 1989 wieder geöffnet wurde, ist heute ein neues zukunftweisendes Stadtzentrum entstanden, das die Mauervergangenheit schnell vergessen läßt.

Potsdamer Platz

World War II and the construction of the Wall had turned Potsdamer Platz, once Berlin's liveliest center, into a wasteland. Only a few souvenir stands and an occasional tourist bus disturbed the deserted scenery. This is why Curt Bois, the narrator of Wim Wenders' film »Wings of Desire« (1987) said, »I can't find Potsdamer Platz«. Around Potsdamer Platz, where the Wall was opened on December 23rd, 1989 today a new future city has been constructed that makes the past with the Wall disappear quickly.

Potsdamer Platz

La guerra y la construcción del Muro transformó la plaza más importante y transitada de Berlín en un terreno baldío, con calles cerradas, prados desérticos y barriales. Sólo algunos kioscos de souvenirs, puntos de encuentro para omnibuses de turistas, se destacaron en este idilio vacío.
»No puedo encontrar la Potsdamer Platz« dice Curt Bois, el narrador en la película »El cielo sobre Berlín« de Wim Wenders (1987).
Allí en la Potsdamer Platz, donde en los años 20 se hallaba el centro neurálgico de Berlín y donde el 23 de diciembre de 1989 se reabrió el Muro, hoy se está construyendo un nuevo centro urbano, con vistas al porvenir y de pinta futurista, que ya hace olvidar el pasado del Muro.

Potsdamer Platz

La guerre et le Mur transformèrent la place la plus animée, là où la circulation était la plus dense en un ensemble de ruines et de rues devenues inutiles, en un désert de champs et de boue. On ne remarquait plus que quelques kiosques à souvenirs et des bornes pour les bus à touristes au milieu de l'idylle désertée. »Je n'arrive pas à trouver la Postdamer Platz« disait Curt Bois, le narrateur du film de Wim Wenders: »Der Himmel über Berlin / Le ciel au-dessus de Berlin« (1987).
L'endroit où le Mur a été ouvert, le 23 décembre 1989, à la Postdamer Platz, est redevenu un nouveau centre urbain plein de promesses pour l'avenir où disparaissent rapidement les stigmates du passé.

Potsdamer Platz 1988

Potsdamer Platz 1998

Lenné-Dreieck

Neben diesem denkwürdigen, bis 1989 wüstenhaft leeren Potsdamer Platz lag das Lenné-Dreieck, ein zur DDR gehörendes Gebiet, aber westlich der Mauer. Vor Abschluß der Kaufverhandlungen des Westberliner Senats mit der Ostseite wurde von jungen Oppositionellen das auszutauschende Gelände besetzt, um den Bau einer Stadtautobahn zu verhindern, der die Zerstörung des dort vorhandenen Biotops bedeutet hätte. Als die Besetzer sich dem Zugriff der Staatsdiener durch eine Flucht von West nach Ost über die Mauer entzogen, gab es verdutzte Gesichter: statt der erwarteten Verhaftungen servierten die Grenztruppen der DDR ein Frühstück und gaben den Grenzverletzern freies Geleit zum nächsten Übergang. Die Ereignisse schlugen sich in neuen Mauerparolen nieder.

Lenné-Triangle

Close to Potsdamer Platz was the Lenné-Triangle, a once extraterritorial property of East-Berlin sold to West-Berlin in 1988. Before the transfer became official, western authorities announced plans to build a highway through the site. Concerned about the destruction of the biotope, hundreds camped out in the triangle in protest. After the final acquisition, the police moved in, and to their surprise, they witnessed western citizens taking refuge by leaping over the Wall into the East. Even more astounding was that instead of arresting the trespassers, the eastern authorities served them breakfast and led them safely to the next checkpoint. References to these events soon cropped up in new Wall slogans.

Triangulo de Lenné

Al lado de la Potsdamer Platz se encontraba el llamado »Triángulo de Lenné«, un sector perteneciente a la RDA, al Oeste del Muro. Antes de la culminación de las negociaciones de compra entre el Senado de Berlín y las autoridades de Berlín oriental, el lugar fue ocupado por jóvenes occidentales de la oposición, para evitar la construcción de una autopista urbana, la cual hubiera significado la destrucción del biosistema allí existente.

Triangle Lenné

A côté de cette mémorable Postdamer Platz, désertée jusqu'en 1989, se trouvait le triangle Lenné, une zone appartenant à la RDA à l'ouest du Mur. Cet endroit fut occupé par de jeunes gens de l'opposition lors des discussions en concernant la vente par l'Est au sénat de Berlin-Ouest pour la construction d'une autoroute qui aurait entraîné la destruction du biotope.
Quand des occupants échappèrent à l'arrestation des fonctionnaires d'Etat en fuyant de l'Ouest à l'Est, l'étonnement fut grand: lorsqu'au lieu de les arrêter, les troupes frontalières de la RDA leur offrirent un petit déjeuner et les accompagnèrent au prochain point frontière. Ces événements trouvèrent leur expression par de nouvelles paroles sur le Mur.

Potsdamer Platz 1988
Streikparolen der Berliner Studenten
Slogans of protest by Berlin students
Lemas alusivos a la huelga de estudiantes berlineses
Des étudiants berlinois affichèrent les mots d'ordre de grève

Babylonisches Bildergewirr

Die hier dokumentierte Veränderung der Mauerkurve am Potsdamer Platz ist für die Vergänglichkeit dieser Kunst exemplarisch. So entstand ein Übereinander von unzähligen Farbschichten, deckend oder transparent. An vielen Stellen entwickelte sich ein babylonisches Bildgewirr, das sich schließlich zu einem Muster und Ornament verband. Schnell wurde es wieder flächendeckend übermalt, wie ein buntes Chaos abrupt von einer geometrischen Komposition in Blau und Rosa unterbrochen, bevor ein neuer Graffitischwall auch diese Scheinöffnung wieder verstopfte.

Babylonic mess

The changes documented on the Wall's curve at Potsdamer Platz show how transitory this kind of art was. Innumerable layers of paint created a confusing mess of colours, pictures and hieroglyphics, only to be quickly covered over, as seen here, where the colourful chaos is replaced by a geometrical composition in blue and pink.

tom

SHUT UP

Niederkirchner Straße / Martin-Gropius-Bau 1983

Der maskierte Spion von 1983 wurde 1986 mit Bart und Pickeln verziert. »Der Spion, der aus der Kälte kam« wurde dem gleichnamigen und legendären Film aus der Zeit des »kalten Krieges« nach einem Roman von John Le Carré entlehnt, dessen Schlüsselszene an diesem Teil der Mauer gedreht wurde.
1983's masked spy was further disguised with a beard in 1986. This is the site of the final scene of »The Spy Who Came in From the Cold«, by John Le Carré.
El espia enmascarado de 1983 fue adornado en 1986 con barba y granitos sobre el rostro. »El espia que vino del frio« fue tomado del legendario film del mismo nombre en la época de la »Guerra fria«, una novela de John le Carré, cuya escena principal fue filmada en esa parte del Muro.
L'espion masqué de 1983, fut affublé d'une moustache et d'acné juvénile en 1986. »L'espion qui venait du froid«, film célèbre et légendaire de la période de la Guerre froide se réfère au roman du même nom de John Le Carré, dont une scène principale fut tournée à cet endroit du Mur.

▶ Niederkirchnerstraße 1984
Vor der Mauer: Carolin Kuzdas, die Tochter des Fotografen
In Front of the Wall: Carolin Kuzdas, the photograher's daughter
Frente al Muro: Carolin Kuzdas, la hija del fotógrafo
Avant le Mur: Carolin Kuzdas, fille du photograph

cinta

Wall Street Gallery

Der Bildhauer Peter Unsicker (* 1947, Heidelberg), seit 1971 in Berlin lebend, eröffnete 1986 in der Zimmerstraße eine durch die Mauer begrenzte schmale Gasse, seine Wall Street Gallery. Er benutzte seine Galerie als Werkstatt, »geöffnet nach Osten, nach Westen und nach Vereinbarung«, die sich zur Hälfte auf DDR-Territorium befand und heute noch weiterexistiert. Sie war und »ist eine Maßnahme, eine Installation, Erlebniskorridor deutsch-deutscher Gegenwart«.
1987 brachte er Gipsmasken auf der Mauer an, die durch verstärkte Leintücher oder imaginäre Mauerlöcher schauen. Der Titel »Arbeit am Verdorbenen« ist abgeleitet aus dem I Ging, dem Buch fernöstlicher Weisheiten. Die im Jahr darauf folgende Verspiegelung aus zusammengesetzten Scherben simulierte eine Mauerfraktur, der Betrachter spiegelte sich in Unkenntlichkeit.

Wall Street Gallery

In 1986, the sculptor Peter Unsicker (* 1947, Heidelberg) opened the Wall Street Gallery on Zimmerstraße, a small street parallel to the Wall, which he also used as a workshop, and still does, half of which was officially on East-German property. One of Unsicker's best known installations had plaster masks poking through a starched sheet as though through holes in the Wall. Titled »Work of the Depraved«, this piece was inspired by the I Ging, the book of eastern wisdom. The mirror shards installed the following year simulated a shattered Wall with its distorted reflection of his Gallery.

Wall Street Gallery – Galería Wall Street

El escultor Peter Unsicker (1947, Heidelberg) en Berlin desde 1971, abrió en 1986 en la Zimmerstraße, un pasaje angosto delimita por el Muro: su galería Wall Street. Utilizó su galería como taller, »abierto al Este, al Oeste y según acuerdo«, la cual tiene »la mitad sobre el territorio de la RDA«. »Fué una toma de medidas, una instalación, galería de sucesos de la actualidad alemana«. En 1987 fijó sobre el Muro máscaras de yeso que miran a través de mantas de lino o huecos imaginarios en el Muro. El título »Trabajo en lo corrupto« se deriva del I Ging, el Libro de la Sabiduría del Lejano Oriente. El siguiente reflejo distorsionado en fragmentos reunidos simula una fractura del Muro, el espectador se refleja en la desfigurarción.

Wall Street Gallery

Le scultpeur Peter Unsicker, né à 1947 à Heidelberg et qui vit depuis 1971 à Berlin a ouvert en 1986 dans la Zimmerstraße un étroit passage limité par le Mur: sa Wall Street Gallery. Sa galerie, à moitié sur le territoire de la RDA, lui sert d'atelier, »ouvert vers l'est, vers l'ouest et sur demande«. Elle est la représentation d'une »mesure exceptionnelle du présent allemand-allemand«. En 1987 il monta des masques de plâtre qui semblaient regarder par les trous imaginaires du Mur formés dans un drap amidonné. Le titre »travail sur pourriture« émane du livre des sagesses orientales I Ging. Le miroir formé de morceaux de verres réalisé l'année suivante simulait une fracture du Mur, celui qui regardait se reflétait dans l'inconnu.

Internationale Kunst

Unter der im Oktober 1986 von Keith Haring (*1958, Kutztown, Pennsylvania, 1990 verstorben) gemalten Figurenkette schimmerten die am 4. Juli desselben Jahres von Bouchet und Noir gemalten 42 Freiheitsstatuen durch. Der »Übermaler« Keith Haring: »Diese Freiheitsstatuen gehören ab jetzt zu meinem Kunstwerk.« Thierry Noir, der sich jahrelang künstlerisch mit der Mauer beschäftigte, zeigte sich angesichts dieser großzügigen Vereinnahmungsgeste des amerikanischen Kollegen sichtlich verärgert. Die Mauer war vor Harings Aktion für ihn schon gelb grundiert worden. Haring war auf Einladung des »Hauses am Checkpoint Charlie« (Berliner Mauermuseum) gekommen, das 1982 einen Kunstwettbewerb zur »Überwindung der Mauer durch Übermalung der Mauer« ausgeschrieben hatte.

Thierry Noir und Keith Haring, 23.10.1986

International Art
Beneath the famous Keith Haring (* 1958, Kutz-town, PA USA, † 1990) figure chain, the forty-two »Statues of Liberty« painted by Bouchet and Noir were still visible. »The statues are now part of my artwork«, said Haring beeing confronted by angry French Painter Noir. He was invited by the Haus am Checkpoint Charlie which had sponsored an art competition in 1982 called »Overcoming the Wall through Art«.

Arte internacional
Debajo de la cadena de figuras pintadas en octubre de 1986 por Keith Haring (*1958, Pennsylvania, † 1990, New York), resplandecen las 42 estatuas de la libertad pintadas el 4 de julio del mismo año por Bouchet et Noir. El »repintor« Keith Haring (a la derecha) afirmó: »Estas estatuas de la libertad pertencen desde ahora a mi obra de arte.« Noir, que durante años se ocupó artísticamente del Muro, se mostró visiblemente molesto frente a tal tema de poseción de su colega americano. Sin embargo el Muro ya había sido pintado con un fondo amarillo antes de la acción de Haring. Haring había sido invitado por el Museo Checkpoint Charlie (el Museo del Muro), el cual había ya convocado a una competición artística en 1982 bajo el lema »vencer al Muro pintándolo«.

Art international
Sous les bonhommes peints par Keith Haring (né en 1958 à Kutztown en Pennsylvanie, décédé 1990) en octobre 1986, on voyait se profiler les statues de la liberté peintes le 4 juillet de la même année par Bouchet et Noir. Le »peintre-recouvreur« Keith Hering (à droite sur la photo) déclara: »A partir de maintenant, ces statues font partie de mon oeuvre artistique«. Devant cette prise de possession par son collègue américain, Noir qui avait voué une grande partie de son talent au Mur depuis des années, fut quelques peu irrité. Avant l'action de Haring, le Mur avait quand même été complètement ripoliné en jaune pour lui. Haring s'était déjà rendu à une invitation de la »Maison du Checkpoint Charlie« (le musée du Mur), lors d'un concours artistique pour »la victoire sur le Mur par la peinture sur le Mur«.

LIBERTY!

Checkpoint Charlie

An der Kreuzung von Zimmer- und Friedrichstraße lag der »Checkpoint Charlie«, Grenzübergang für Ausländer und Diplomaten. Hier standen sich im Oktober 1961, während einer »heißen Phase« im Kalten Krieg, sowjetische und amerikanische Panzer in eindrucksvoller Konfrontation gegenüber. An dieser Stelle malte Richard Hambleton (*1954, New York) 1985 das Bild »Wer hat Angst vor Schwarz-Rot-Gold?«, eine auf die deutschen Nationalfarben anspielende Persiflage von »Who's afraid of Red, Yellow, Blue?« von Barnett Newman, einem Gemälde in der Sammlung der Westberliner Neuen Nationalgalerie, dessen hohe Ankaufsumme zu einem Skandal und einem Attentatsversuch geführt und für Schlagzeilen gesorgt hatte. Auf zwanzig Metern Schwarz finden sich zwei schmale Streifen Rot und Gelb, in der Mitte wurde ein zwanzig Zentimeter breiter Streifen unbemalter Wand belassen. Hambleton: »Für mich hat diese Bemalung symbolischen Wert. Sie stellt einen Schatten dar, den Schatten von Deutschland. Man kann es auch als eine Schultafel betrachten. Ich hoffe, daß die Menschen ernste Dinge darauf schreiben.«

Checkpoint Charlie

Checkpoint Charlie, the Allied border control station was located at the intersection of Zimmerstraße and Friedrichstraße. Here in October 1961, Soviet and American tanks stood in a face-off. Here, in 1985, Richard Hambleton (* 1954, New York) painted »Who is afraid of Black Red Gold?«, an allusion to Barnett Newman's painting »Who is afraid of Red Yellow Blue?« which had caused a scandal for its exorbitant price paid by Berlin's New National Gallery. On twenty meters of black surface, which was the most popular

place to paint on the Wall where numerous tourists came to visit, he painted two small stripes of red and yellow and in the middle, a twenty centimeter stripe of unpainted space. Said Humbleton: »This place has sympolic meaning to me. It represents a shadow of Germany. One can look at it as a school blackbord. I hope people will write serious things on it.«

Checkpoint Charlie

En el cruce de Zimmer y Friedrichstraße se encuentra el Checkpoint Charlie, control de frontera para extranjeros y diplomáticos. Aquí, en octubre de 1961, durante una fase crítica de la Guerra Fría, tanques soviéticos y americanos se enfrentaron de manera impresionante. En este lugar prominente, Richard Hambleton (* 1954, New York) pintó el cuadro »Quién tiene miedo al negro-rojo-dorado ?«, una parodia alusiva a los colores de la bandera alemana, basada en »Who's afraid of Red, Yellow, Blue ?« de Barnett Newman. Un cuadro en la colección de la Neue Nationalgalerie del entonces Berlín Oeste, cuyo elevado precio de venta había conducido a un gran escándalo, un intento de sabotaje y a una atención especial de la prensa. Sobre 20 metros de negro se encuentran dos franjas angostas de rojo y amarillo, en la mitad había una franja de pared sin pintar de 20 cm de ancho. Hambleton: »Para mí esa pintura tiene un valor simbólico. Representa la sombra de Alemania. Se la puede también apreciar como una pizarra de escuela. Espero que los hombres escriban sobre ella cosas serias.«

Checkpoint Charlie

Le Checkpoint Charlie, point frontière pour les diplomates et les étrangers, se trouve au carrefour de la Zimmerstraße et de la Friedrichstraße. A cet endroit, les chars soviétiques et américains se sont toisés de façon assez spectaculaire en octobre 1961, phase chaude de la Guerre froide. A cet endroit, Richard Hambleton (né à New York en 1954) peint le tableau »Qui a peur de Noir-Rouge-Or?«, persiflage de l'oeuvre de Barnett Newman »Who's afraid of Red, Yellow, Blue?« basée sur les couleurs du drapeau national, une peinture appartenant à la collection de la Westberliner Nationalgalerie (la Galerie Nationale de Berlin-Ouest), comme elle se nommait à l'époque et dont la vente à une somme démesurément élevée avait provoqué un scandale ainsi qu'un attentat. Deux lignes étroites, l'une rouge l'autre jaune se détachaient sur une surface de 20 mètres peinte en noir, au milieu on avait laissé un espace de 20 centimètres où le Mur non peint apparaissait à nu. Hambleton confia: »Pour moi cette peinture a une valeur symbolique. Elle représente une ombre, l'ombre de l'Allemagne. On peut la voir comme un tableau d'école et l'utiliser à ce titre. J'espère que les hommes y écriront des choses sérieuses«.

Dort, wo sich zuvor Bouchet und Noir mit der Freiheit und Haring mit seiner Figurenkette verewigt hatten, malte 1988 Ron English eine große surrealistische Bildergeschichte: eine Reihe von embryonalen Halbwesen, die sich paarweise zu Herzen oder zum Yin-Yang-Zeichen verbinden, ein angeketteter Hund mit einem aus zwei Menschengesichtern zusammengesetzten Kopf, weibliches und männliches Prinzip in Analogie zur politischen Teilung Deutschlands.

On this same site of the earliner Haring, Noir, and Bouchet murals, a gigantic surrealistic story in pictures was painted by Ron English in 1988: a number of embryonic half beings united in pairs to form hearts or yin yang, a chained dog whose head is composed of two human faces, the symbolism of duality, a metaphor for a divided Germany.

Allí donde antes Bouchet y Noir con su Libertad y Haring con su Cadena de Figuras se hicieron inmortales, en 1988 Ron English pinta una gran historia surrealista de escenas: una serie de semi-hombres embrionales, que de a dos se unen a los corazones o al simbolo Ying-Yang, un perro encadenado con una cabeza compuesta por dos rostros humanos, principios femeninos y masculinos en analogia a la división política de Alemania.

Là où Bouchet et Noir avec leur Liberté et Haring avec ses Bonhommes se sont immortalisés, Ron English a peint en 1988 une grande bande dessinée surréaliste: quelques êtres embryonnaires qui se retrouvaient par deux dans des coeurs ou en signe Yin-Yang, un chien attaché dont la tête est composée de deux figures humaines, les principes féminin et masculin comme une analogie à la séparation politique de l'Allemagne.

Nahe dem Checkpoint Charlie, direkt in Augenhöhe eines Wachturms auf der anderen Seite, sprang ein eierförmiger Humpty Dumpty, Phantasiegestalt aus »Alice im Wunderland«, als Entspannungs-bringer über eine aus Ziegelsteinen gefertigte imaginierte Mauer. Man wird an den Roman »Der Mauersprimger« des deutschen Autors Peter Schneider erinnert, nach dem der Film »Der Mann auf der Mauer« (1982) gedreht wurde.

Next to Checkpoint Charlie, at eye level with a watch tower on the other side, Humpty Dumpty, an egg-shaped character from a nursery rhyme, jumped an imaginary wall as a messenger of détente. He calls to mind Peter Schneider's novel »The Wall Jumper«, from which the film »The Man on the Wall« was made (1982).

Cerca del Checkpoint Charlie directo a la vista de una torre de vigilancia del otro lado, salta un Humpty Dumpty, imagen de fantasía, de »Alicia en el pais de las Maravillas«, poniendo la nota graciosa sobre um Muro imaginario hecho otra vez de ladrillos. Se recuerda a la novela »El Saltador del Muro« del autor alemán Peter Schneider, sobre la cual se basaron para hacer la película »El hombre sobre el Muro« (1982).

Près du Checkpoint Charlie à la hauteur du regard d'un poste frontière, un Humpty Dumpty, forme ovale, être imaginaire d'Alice au Pays des Merveilles, saute au dessus d'un Mur de briques imaginaire. Cela rappelle »Le sauteur de Mur«, roman de Peter Schneider, d'après lequel on a tourné le film »L'homme sur le Mur« (Der Mann auf der Mauer, 1982).

▶ Lindenstraße / Kommandantenstraße 1986

Zimmerstraße / Enckestraße 1984
Hast du Frust, nimm dir das Leben, spring
If you're frustrated, jump over and out of life
Si sientes frustración, suicídate, arrójate
Si tu es déprimé, suicide-toi, saute

1.4.86

FROM THE WALL
MERRY CHRISTMAS
I ♥ Spandau
DUBLIN PUNKS
SMASH THE NF
Freiheit für alle
WIE

Der weiße Strich

Ende 1986 wurde die Mauer zwischen Mariannenplatz und Potsdamer Platz durchgestrichen: Ein weißer Strich, gut sichtbar in Augenhöhe, durchquerte unerbittlich alles, was sich auf der Mauer zeigte. Die Autoren, eine Gruppe ehemaliger Friedensaktivisten aus Weimar (damaligen DDR), teilten der Presse mit: »Die Mauer muß wieder als Mauer gesehen werden. Sie sollte keine Attraktion für Touristen sein.« Ihren unvollendeten Strich verstanden sie als symbolisches Auslöschen der Mauerkunst. Die Mauer als »achtes Weltwunder«, als Wahrzeichen Berlins, als lüstern bestauntes buntgruseliges Kuriosum war ihnen ein Dorn im Auge.

The White Stripe

At the end of 1986, everything on the Wall between Mariannenplatz in Kreuzberg and Potsdamer Platz was »crossed out« by a highly visible white stripe painted at eye level. A group of former peace-activists from Weimar, in the former GDR, then living already in the West, told the press: »The Wall must be seen again for what it is. It is not a tourist attraction.« Their stripe symbolically wiped-out Wall art. They opposed the Wall being considered »the Eighth Wonder of the World«.

La línea blanca
A finales de 1986, entre Mariannenplatz y Potsdamer Platz, el Muro se marcó con una linea blanca, bien visible a la altura de los ojos, que atravesaba todo lo pintado sobre el Muro. Los autores, un grupo de pacifistas de Weimar (entonces RDA), comunicaron a la prensa: »El Muro tiene que ser visto nuevamente como muro. No debería ser una atracción para turistas.« Entendían su línea como una eliminación simbólica del Muro. El Muro como »octava maravilla del mundo«, como símbolo de Berlín, frívolamente mirado como una curiosidad horrorosa y multicolor, les parecía inaceptable.

Le trait blanc
Fin 1986, le Mur entre la Mariannenplatz et la Postdamer Platz a été repeint: un trait blanc, bien visible à hauteur des yeux, recouvrait implacable tout ce qui se trouvait sur le Mur. Les auteurs, un groupe d'activistes pacifiques de Weimar (ancienne RDA) faisaient part à la presse: »Le Mur doit de nouveau être vu comme le Mur. Il ne doit pas devenir une attraction pour touristes.« Ils concevaient leur trait comme une suppression du Mauerkunst. L'idée d'un Mur considéré comme »8e merveille du monde«, symbole de Berlin, comme pôle d'attraction pour les badauds et comme curiosité colorée à la »fais-moi peur« leur était insoutenable.

Niederkirchnerstraße / Martin-Gropius-Bau 1987

Stresemannstraße 1988

Bethaniendamm / Mariannenstraße 1988

Bethaniendamm / Wrangelstraße
1987

►
Luckauer Straße /
Waldemarstraße 1987
Thierry Noir

Hallo
ich

EUSKADI
ZUTIK!

Trompe l'œil

Trompe l'oeil in Kreuzberg zwischen Legien- und Leuschnerdamm: Die Illusionsmalerei auf der Mauer rekonstruierte den Blick auf das dahinterliegende einstmals von Booten belebte Engelbecken. Die Idee zur Bemalung im Frühjahr 1988 stammte von dem Berliner Architekten Bernhard Strecker, die Ausführung übernahm der iranische, in Berlin lebende Maler Yadiga Azizy. Der gemalte historische Zustand aus der Zeit vor der Trockenlegung des Kanals in den dreißiger Jahren sollte, wie erste Kontakte zwischen dem östlichen Bezirk Berlin-Mitte und dem westlichen Berlin-Kreuzberg ergeben hatten, nun nach dem Fall der Mauer wiederhergestellt werden. Inzwischen ist ein schöner Park entstanden.

Trompe l'oeil

Berlin-Kreuzberg between Legiendamm and Leuschnerdamm: The illusionary painting on the Wall by Iranian painter Yadiga Azizy, 1988, recreated the former view onto the canal before it was drained in the 1930's. Plans have been made to restore the canal after the removal of the Wall. Finally they built a wonderful new park.

Trompe l'oeil

Berlin-Kreuzberg entre Legien- y Leuschnerdamm: La pintura ilusionista reconstruye la antigua vista de la pileta de los Ángeles animada por botes. La idea de pintar en primavera de 1988, surge del arquitecto berlinés Bernhard Strecker y la conducción estuvo a cargo del pintor iraní Yadiga Azizy. La situación histórica pintada, de la época antes de que se secara el Canal en los años 30, será restaurada.

Trompe l'oeil

Trompe l'oeil à Berlin-Kreuzberg entre le Legiendamm et le Leuschnerdamm. L'illusion picturale reproduit sur le Mur la vue sur les bateaux flottant sur le Engelbekken. L'idée de peindre le mur au printemps 1988 vient de l'architecte Bernhard Strecker. Le peintre iranien Yadiga Azizy a été chargé de la mise en oeuvre. La situation historique de l'époque avant l'assèchement du canal dans les années 1930, et immortalisée par la peinture, devait être reconstruite après la chute du Mur et représente les premiers contacts entre les quartiers de l'est de Berlin-Mitte et les quartiers de l'ouest de Berlin-Kreuzberg.

1930

1998

Bethaniendamm /
Mariannenstraße 1984

Auf diesem Mauerabschnitt malte Richard Hambleton 1983 als Teil seiner weltweit durchgeführten *Secret Mission* die pechschwarzen Silhouettenmenschen, die ihn berühmt machten und in über zwanzig europäschen Hauptstädten auftauchten. Andere Mauermaler statteten die Figuren mit Gesichtern aus und fügten Masken oder Gegenstände hinzu.

In 1983, on this segment of the Wall, Richard Hambleton continued his worldwide *Secret Mission* by painting his famous black silhouettes, which appeared in 20 European capitols. Other Wall painters added faces, masks and other details to the figures.

En esta sección del Muro, Richard Hambleton pinta en 1983, como parte de su mundialmente conocido *Secret Mission,* las siluetas humanas negras como la pez, las que lo hicieron famoso y que aparecieron en mas de veinte capitales europeas. Otros artistas del Muro las adornaron con máscaras u objetos.

Sur cette partie du Mur, Richard Hambleton a peint en 1983 les petites silhouettes noires qui l'ont rendu célèbre dans le cadre de sa »mission sécrète« présentée dans le monde entier; elles ont été reproduites dans beaucoup de capitales. D'autres artistes du Mur les transformèrent en ajoutant des visages, des masques et des objets.

IST
nien"
©Gordon+ Rudi '8
PAROLE
JIM.
JMcC
ELIEEN + JAMSIE

1984 entsteht eine bedrohlich verzogene schwarze Schattenfigur an der Köpenicker Straße, von anderen Graffiti-Künstlern beantwortet mit der Aufschrift *go home*.
The elongated black shadow done in 1984 on Köpenicker Straße provoked the following comment from another graffiti artist, »Go home«.
1984 una amenazadora y deforme figura negra aparece en la Köpenicker Straße y completada por otros artistas de graffitis con la inscripción »go home«.
En 1984 une silhouette noire et déformée à la Köpenicker Straße. La résponse des autres artistes de graffiti: »Go home.«

Bethaniendamm/
Mariannenstraße 1988
Kiddy Citny *Fallen Angels*
▶

Bethaniendamm / Wrangelstraße 1984
Detail aus dem Figurenpanorama: *Das verschlungene Paar,* gemalt von Cremenz, zitiert das Gemälde *Strandleben am Styx* (1955) des deutschen Malers Rudolf Schlichter.
Detail from the figure panorama: »The intertwined couple« painted by Cremenz, is a reference to the painting »Beach Life by the River Styx« (Rudolf Schlichter, 1955).
Detalle de un panorama de figuras: »La pareja abrazada« de Cremenz, cita el cuadro »Vida en la playa de Styx« (1955) del pintor alemán Rudolf Schlichter.
Une partie du panorama »Le couple«, qui a été peinte par Cremenz, est une citation de »La vie à la plage« de l'artiste allemand Rudolf Schlichter (1955).

BERLIN
HOME OF
FALLEN ANGELS
Kit

PAINTER
MANILA

Painter, zwischen Mariannenstraße und Köpenicker Straße, entsteht Anfang Juli 1988 im Zusammenhang einer Ausstellung in der Raab Galerie anläßlich eines Künstleraustauschs mit Manila als Gemeinschaftsbild von Marcel Antonio, Agnes Arellano, Edson Armenta, R. M. de Léon, Dan Raralio, Raúl Rodríguez, Luciano Castelli, Birgit und Knut Hoffmeister.
Painter, located between Mariannenstraße and Köpenicker Straße, was the 1988 collective effort of Marcel Antonio, Agnes Arellano, Edson Armenta, R.M. de Léon, Dan Raralio, Raúl Rodríguez, Luciano Castelli, Birgit and Knut Hoffmeister in cooperation with the Raab Gallery on the occasion of an artistic exchange with Manila.
Painter, entre Mariannenstraße y Köpenicker Straße, aparece a comienzos de Julio de 1988, en relación a una exposición en la Galería Raab con motivo de un intercambio de artistas con Manila. Es un dibujo colectivo del Marcel Antonio, Agnes Arellano, Edson Armenta, R.M. de Léon, Dan Raralio, Raúl Rodríguez, Luciano Castelli, Birgit y Knut Hoffmeister.
Painter, entre la Mariannenstraße et la Köpenicker Straße, fut créé début juillet 1988 lors d'une exposition dans la galerie Raab, dans le cadre d'un échange artistique avec Manila, oeuvre collective de Marcel Antonio, Agnes Arellano, Edson Armenta, R.M. de Léon, Dan Raralio, Raúl Rodriguez, Luciano Castelli, Birgit et Knut Hoffmeister.

▶
Waldemarstraße 1986
Kiddy Citny

@FAUX PAS

Beton Poesie

Mauerkunst war eine Kunst von unten. Mauerkunst war auch Grenzverletzung mit grenzüberschreitender Botschaft und oft subversiv und meist spielerisch ironisch. Sie sollte nicht sein und konnte doch nicht verhindert werden: »Phantasie kennt keine Grenzen« und »LET MY PAINT DIE WITH THE WALL '84« skandierten interessante Mauerparolen. Künstlerische Phantasie nagte an der Autorität der Mauer, unterlief ästhetisch ihren politischen Abschreckungscharakter. Da die Mauer etwa vier Meter außerhalb des West-Berliner Territoriums im DDR-Niemandsland stand, befanden sich die Mauermaler völkerrechtlich gesehen bereits auf DDR-Gebiet und konnten weder von den West-Grenzbeamten bzw. West-Berliner Polizisten, noch von den im Niemandsland patroullierenden DDR-Grenzschutzbeamten ohne weiteres aufgehalten werden. Dazu malte der direkt an der Mauer wohnende und sehr aktive Mauerkünstler Jürgen Große alias INDIANO mehrfach den schönen Spruch auf die Mauer: »ZAHME VÖGEL SINGEN VON FREIHEIT – WILDE VÖGEL FLIEGEN«.

Concrete Poetry

Wall Art was an artform of the people. It violated the border by means of border-obliterating messages. It was subversive. As a well-known Wall motto proclaimed, »Imagination knows no limits«, Artistic imagination gnawed at the authority of the Wall; it aesthetically undermined its politically deterrent character. Another slogan on the Wall said »LET MY PAINT DIE WITH THE WALL«. The fact that the Wall actually stood 4 meters inside the GDR terriority, the Wallpainters while in action were out of reach for the western authorities and impossible to be stopped by the patroling East-German borderguards behind the Wall in the no-whereland. The very active artist, Jürgen Große alias »INDIANO« who lived next to the Wall painted there on different sites the beautiful phrase »TAME BIRDS SING OF FREEDOM, WILD BIRDS FLY«.

Poesía de hormigón

El arte del Muro fue una forma de arte »desde abajo«. El arte del Muro fue una violación de los límites con un mensaje transfronterizo, muchas veces subversivo y en la mayoría de los casos juguetón e irónico. No debió ser, pero no se pudo evitar: »La fantasía no tiene límites« y »LET MY PAINT DIE WITH THE WALL '84« (Que mi pintura muera con el muro), se pudo leer en el Muro. La imaginación artística corrosionó la autoridad del Muro, y estéticamente minó su carácter político como instrumento de disuasión. Como el Muro se encontraba a cuatro metros más allá del territorio de Berlín Oeste, en esa tierra de nadie dentro de la RDA, los artistas pintando en el Muro se encontraban ya en territorio de la RDA y no podían ser fácilmente detenidos, ni por la policía encargada de la protección de la frontera del Oeste, ni por la del Este. En este contexto, el artista Jürgen Große, alias INDIANO, que vivió directamente al lado del Muro, pintó varias veces el bello dicho »Los pájaros domesticados cantan a la libertad, los pájaros salvajes vuelan.«

Poésie en béton

Le Mauerkunst était un art »par le bas«. Le Mauerkunst était une violation de frontière avec un message sans frontière, souvent subversif et souvent d'une ironie ludique. Cette frontière ne devait pas être et pourtant on ne pouvait l'éviter: »l'imagination ne connaît pas de frontières« et »Let my paint die with the wall '84« (que mes couleurs disparaissent avec le Mur) étaient les paroles intéressantes ripolinées sur le Mur. L'imagination artistique rognait l'autorité du Mur, échappait de façon esthétique au caractère effrayant du Mur. Le Mur se trouvait à 4 mètres du territoire de Berlin-Ouest, sur la zone neutre de la RDA; les peintres se trouvaient donc sur le territoire de la RDA et ne pouvaient être arrêtés ni par les douaniers et policiers de Berlin-Ouest, ni par les patrouilles du no man's land de la RDA. C'est ainsi que Jürgen Große, alias INDIANO, artiste du Mur très engagé et habitant au pied du Mur pouvait y reproduire les belles paroles: »LES OISEAUX APPRIVOISÉS CHANTENT LA LIBERTÉ, LES OISEAUX SAUVAGES VOLENT«.

Der Staat ist (der) tot. Es le
"And the people
let out a loud shout
and the wall fell
down and the people
entered the city."
(Joshua 7[20])
Grüße von
WALL !!

DEN HELLSTEN STERN AM HIMMEL SUCHEND
DIE KÜSSE DER LIEBENDEN MACHTEN MIR KEINE ANGST HEUT' NACHT. IHR UNVERHOHLENES BEGEHREN,
SOFORT, BEDINGUNGSLOS UND FÜR EWIG INEINANDER ZU VERSCHMELZEN FAND SEINE ENTSPRECHUNG IN
DER ZÄRTLICHKEIT DER LAUEN LUFT, DIE MICH DURCH MEIN DÜNNES HEMD BERÜHRTE, IM SANFTEN
ZUPFEN IN MEINEM HAAR. JEDER LAUF DER EREIGNISSE WAR DENKBAR. RÜCKSICHTSLOS, DIESE NACHT
WÜRDE MIR EINEN NEUEN NAMEN GEBEN, EIN ANDERES GESCHLECHT – ODER MICH NEIDLOS MIT
DEM SCHÖNEN GESICHT DES PIZZABÄCKERS VEREINEN. DIE VERLORENES WIEDERFINDEN
WOLLTEN WAREN HERAUSGEKOMMEN AUF DIE STRASSE EBENSO WIE DIE, DIE NEUES SUCHTEN.
DIE UMARMUNGEN DER LIEBENDEN VERHÖHNTEN MICH NICHT. WÄHREND SIE SICH IMMER
AUFS NEUE NICHT VONEINANDER LÖSEN MOCHTEN, RANNTE ICH MIT IN DEN NACKEN
GELEGTEM KOPF, DEN HELLSTEN STERN AM HIMMEL SUCHEND, GEBORGEN IM VORBEI-
FLATTERNDEN LACHEN DER LACHENDEN, IN IHREM KUSS UND IHRER HITZE.
KUSCHEL
NUR FÜR GUTE FREUNDE
JOHANNES MÜLLER
"THE BITE"

Irgendwann fällt jede Mauer …

Sofort nach Bekanntgabe der Reisefreiheit am 9. November 1989 wurden in einem atemberaubenden Tempo neue Grenzübergänge geschaffen. Fast gleichzeitig hoben an unzähligen Stellen Kräne einzelne »Betonhandtücher« aus der Mauer. Das Mauerkunstwerk zeigte seine ersten Zahnlücken. Sogenannte »Mauerspechte«, die mit Hammer, Meißel oder sogar Preßluftbohrer Mauerstücke zur Erinnerung oder zum Verkauf herausbrachen, beschleunigten die Baufälligkeit des bemalten Politfossils. In geradezu rätselhafter Weise realisierte sich 1989 mit Hammer und Meißel eine Szene, wie sie schon 1984 in der Luckauer Straße sehr visionär von einem Unbekannten an die Mauer gemalt worden war: »KOLLEKTIV WILDER HAMMER – KEINE ANGST«.

The Wall Falls

Right after the declaration of freedom of travel on November 9th, 1989, new checkpoints were opened in an amazing short time. Cranes removed singletooth-like segments of the Wall creating gaps in the artwork. »Wall peckers« armed with hammers and chisels chipped out pieces of the Wall for souvenir or sales purposes adding to its decay. In an astonishing way, a reality became true, just as somebody unknown with great vision painted already in 1984 on the Wall at Lukkauer Straße »KOLLEKTIV WILDER HAMMER – KEINE ANGST«. (Community wild hammer – no fears)

El Muro cae

Inmediatamente después de que se diera a conocer la libertad de salida irrestricta, el 9 de noviembre de 1989, nuevos pasos de frontera fueron creados con una velocidad vertiginosa. Casi al mismo tiempo, aparecieron por todas partes grúas levantando »toallas de hormigón« del Muro. La obra de arte del Muro empezaba a mostrar sus primeros agujeros. Los »Pica Muros« (»Mauerspechte«) atacaron el Muro con martillos, cinceles o incluso con martillos neumáticos para extraer trozos del Muro como recuerdo o para venderlos, acelerando la caída del fósil político pintado. De manera enigmática en 1989, se hizo realidad una escena idéntica a la que en 1984 se había ya pintado en el Muro cerca de Luckauer Straße por unos visionarios desconocidos: »KOLLEKTIV WILDER HAMMER – KEINE ANGST«. »Colectivo martillo salvaje – no temas«.

Tous les Murs tombent un jour …

Lors de la notification de la liberté de voyager établie le 9.11.1989, de nouveaux points frontières ont été mis en place en un temps record. Pratiquement au même moment, les grues arrachaient des pans de béton à d'innombrables endroits. Le Mur montrait ses premières brèches. Des »pics-verts« cassaient des morceaux de Mur à coups de marteau, de burin ou même à la perceuse simplement en souvenir ou pour les vendre. Ils ont ainsi activé la destruction du mammouth politique peint. De façon absolument incroyable se réalisait en 1989 la scène visionnaire peinte sur le Mur par des inconnus à coups de burin et de marteau à la Luckauer Straße en 1984: »KOLLEKTIV WILDER HAMMER – KEINE ANGST«/ »COLLECTIF MARTEAU SAUVAGE – N'AYEZ PAS PEUR«.

fällt jede MAU
Peace
MAUER

like flies
-The Cult
God is
I HAVE SEEN

Mauerkunst & Fotografie

Auf der Mauer gab es kein Copyright. Die Übergänge zwischen Stehenlassen, Ergänzen und Übermalen waren fließend. Mauerkunst war ein kollektiver kreativer Prozess. Individuelle Urheberschaft war relativ und galt nur auf Zeit. Fotografie und Film gelang es, die Mauerkunst als ein örtlich und zeitlich gebundenes Phänomen zu dokumentieren und damit für später zugänglich zu machen.
Die hier veröffentlichten Fotografien entstanden ohne Auftrag und entwickelten sich für Heinz J. Kuzdas zu einer persönlichen Aufgabe – gleichsam als Chronistenpflicht.
Nach langen Auslandsaufenthalten kam er 1972 nach Berlin und empfand die Hoffnungslosigkeit der todbringenden Mauer nicht als Normalität einer geteilten Stadt, sondern als Herausforderung wie die Mauermaler selbst. Als Hausmann auf unzähligen Spaziergängen mit seiner Tochter Carolin über acht Jahre unterwegs, entdeckte er seit 1982 die Botschaften, Bilder und Zeichen der Mauer und verfolgte ihre Veränderungen. Jetzt, da die Mauer in Stücke zerlegt wurde, ist seine Arbeit zu einem einmaligen Dokument geworden. Seine Motivation, die Mauerkunst weltweit in ungefähr fünfzig Ländern als Dokumentations-Ausstellung zu präsentieren, entsprang dem Wunsch, mittels der farbigen, oft spektakulär ironischen Kunst die scheinbar unumstößliche grausame Realität der unmenschlichen und unzeitgemäßen Teilung einer Stadt ins allgegenwärtige Gedächtnis vieler Menschen zu bringen und die Mauer so als ideal verfremdete Projektionsleinwand zu relativieren, neu zu problematisieren und quasi »aufzuheben«.

Wall Art and Photography

There was no copyright on the Wall. New works appeared over night, amendment and old works all overlapped. The Wall was a collective process. Individual authorship was relative and only lasted a limited time. With photography and film, this work-in-process had to be documented in its constant state of change and made available. These photographs were not been taken for a commision. As time went on, this photo documentation became more of a personal commitment for Heinz J. Kuzdas – sort of a duty as a chronist. After long absence abroad he returned to Berlin and realized that he could no longer accept the Wall as a normality, but saw it as a challenge. While on walks with his daughter Carolin, he became aware of the changing messages, pictures, signs, and drawings on the Wall and began documenting them since 1982. Now that the Wall is gone in pieces, his

work had become a unique collection, which he has shown in 100 Places in about 50 countries up to now. It is a documentary exposition of the colourful and ironical art that transceded the Wall.

Arte del Muro y Fotografía

En el Muro no había copyright. El tránsito entre no tocar, añadir y retocar fué fluído. El arte del Muro fue un proceso creativo colectivo. Cualquier iniciativa individual fue relativa, y válida sólo por un tiempo. Gracias a fotografías y filmes se pudo documentar el arte del Muro como un fenómeno local y temporal, haciéndolo así accesible. Las fotografías aquí públicadas surgieron espontáneamente, sin encargo, y se convirtieron para su autor, Heinz J. Kuzdas, en una tarea personal. Después de largas estancias en el extranjero, en 1972 volvió a Berlín y consideró la desesperanza del mortal Muro, no como un hecho normal en una ciudad dividida, sino como un desafío, igual que los propios artistas del Muro. Durante ocho años y en innumerables paseos con su hija Carolin, desde 1982 descubrió los mensajes, pinturas y marcas, y siguió sus transformaciones. Ahora que el Muro se ha hecho trizas, su trabajo se ha convertido en un documento singular. Su ambición de presentar el arte del Muro en unos 100 lugares de todo el mundo, en unos 50 países, fue fruto de su deseo de recordar, con este arte multicolor y muchas veces espectacularmente irónico, la aparentemente incambiable y cruel realidad de la inhumana división de una ciudad, de mostrar este Muro transformado en una tela de projecciones, para cuestionarlo de nuevo y »desmontarlo«.

Mauerkunst et photographie

Il n'y avait pas de Copyright sur le Mur. On pouvait laisser les oeuvres comme telles, les compléter, les recouvrir sans contraintes. Le Mauerkunst était un processus collectif de création. Les droits d'auteur étaient relatifs et éphémères. Seuls les photos et les films ont laissé un témoignage du phénomène et permettent ainsi une documentation. Les photographies exposées ici ne sont issues d'aucun contrat, c'est Heinz J. Kuzdas qui en a fait une affaire personnelle. Après un long séjour à l'étranger, il est rentré en 1972. Le Mur, désespérant et générateur de mort, ne représenta jamais pour lui une certaine normalité pour une ville partagée en deux mais il fut au contraire une provocation. Il était homme au foyer et pendant huit ans, au cours de ses promenades avec sa fille Caroline, il découvrit les messages, les peintures, les dessins du Mur et suivit leur évolution. Maintenant que le Mur n'est plus, son travail est devenu une source unique de documentation. Il présenta les fresques du Mur dans 50 pays à une centaine d'endroits différents. Sa motivation pour ce faire dépasse le simple désir de rappeler à la mémoire des gens l'affreuse et inéluctable réalité de la séparation inhumaine et anachronique d'une ville à l'aide d'un art coloré, ironique et souvent spectaculaire. Il s'agissait pour lui de projeter le Mur, tel un spectacle, ainsi de le relativiser pour mieux problématiser le phénomène et pour ainsi dire le transcender.

Reichstag, Februar 1990
Carolin Kuzdas mit zwei Grenzbeamten auf Ostberliner Seite
Carolin Kuzdas with two border policemen on the East-Berlin side
Carolin Kuzdas con dos soldados en el lado de Berlin Este
Carolin Kuzdas avec deux douaniers sur le territoire de Berlin-Est

Mauer als Souvenir

Mit dem Mauerabriß nach dem 9. November 1989 verbindet sich auch das wohl spektakulärste Kapitel in der Geschichte des politischen Souvenirhandels: Nachdem ein amerikanischer Geschäftsmann über Nacht gleich tonnenweise Mauerreste per Jumbojet nach Chicago ausfliegen ließ, folgte das vergebliche Angebot eines kalifornischen Millionärs: 50 Millionen Dollar für die Rechte zum Mauerabriß und ihren Verkauf. Eine Außenhandelsfirma der DDR nahm den »Ausverkauf der Mauer« selbst in die Hand, exklusiv: Der Erlös sollte humanitären Zwekken dienen. Die DDR wurde damit zum »Pionier« in der Geschichte des modernen Betonrecycling. Der Durchschnittspreis pro Mauerelement lag im Februar 1990 bei DM 50 000. Später hat man sogar original bemalte Mauerteile numeriert, mit Zertifikat und einer genauen Zustandsbeschreibung versehen, in einer spektakulären Auktion in Monaco meistbietend versteigert und Millionen verdient.
Erst am 25. Februar 1995 verkündete der 1. Zivilsenat des Bundesgerichtshofs in Karlsruhe in einer Grundsatzentscheidung, daß »die Mauerkünstler am Erlös der Mauerteile beteiligt werden müßten – Gemälde an der Berliner Mauer sind Kunst«.
So gibt es in Berlin keine Mauer mehr – sie ist heute weltweit verstreut und hat bei diversen Prominenten, vom Vatikan bis zur Bostoner John F. Kennedy Library, der CIA-Zentrale in Washington, in Konzernen in Japan und in Sosnowka bei Breslau in Polen, als Dekoration und gleichsam als Symbol des Friedens, als »Piece of Peace« ihre neuen Standorte gefunden. Der nicht unerhebliche Rest der Mauer fand industriell zerkleinert im Straßenbau der neuen Bundesländer gute Verwendung.

Wall souvenirs

A Californian millionaire offered after the fall of the Wall fifty million dollars in vain for the exclusive right to demolish and sell the Wall, but an East-German export company was granted this privilege. The first meters removed and sold were replaced by wire fencing. The prize for one segment has been up to DM 50 000,- in February 90.
After a spectacular auction in Monaco, many Wall segments are now all over the world, in the Vatican or at the Boston J. F. Kennedy Library, at the CIA Center in Washington or in New York's 53rd St. and in many prominent art museums as a »Piece of Peace«. The bigger rest has been recycled as concrete rubbels for reconstruction of the highways of the former GDR.

Souvenirs del Muro

Con la caída del Muro, después del 9 de noviembre de 1989, se relaciona el capítulo más espectacular de la historia del comercio de souvenirs políticos: después de que de la noche a la mañana un hombre de negocios americano transportara toneladas de restos del Muro en jumbo jet a Chicago, siguió la frustrada oferta de un millonario californiano: 50 millones de dólares por los derechos para derribar el Muro y su posterior comercialización. Una exportadora de la RDA tomó la exclusividad de »la gran ganga del Muro«: los ingresos debían destinarse a fines humanitarios. La RDA se convirtió así en el pionero de la historia del reciclaje de hormigón. El precio promedio de una sección del Muro en febrero de 1990 fue de unos 50.000 DM. Luego, en una espectacular subasta en Mónaco, se podían apreciar las diferentes piezas del Muro pintado, todas ellas numeradas, certificadas y con una descripción detallada de su condición.
Así que ya no hay Muro en Berlín – se llevó a museos de todo el mundo y diversos sitios famosos, como el Vaticano o el Memorial Center de Ronald Reagan, donde encontró un nuevo lugar como decoración y símbolo de paz, como »Piece of Peace«. El gran resto del Muro desapareció y se aprovechó – industrialmente despedazado – como material para la construcción de carreteras en los nuevos estados federados de la Alemania reunificada.

Souvenirs du Mur

La destruction du Mur à partir du 9 novembre 1989 rejoint sans doute le chapitre le plus spectaculaire dans l'histoire du commerce de souvenirs politiques. Après qu'un homme d'affaires américain a transporté par jumbo en une nuit à Chicago des tonnes de mor-

ceaux de Mur, la proposition d'un millionnaire californien d'offrir 50 millions de dollars pour les droits exclusifs de la destruction du Mur ainsi que de sa vente, tombait en désuétude. Une firme de RDA prit en mains la vente du Mur en exclusivité: le gain en était destiné à des oeuvres humanitaires. C'est ainsi que la RDA entra comme pionnière du recyclage du béton dans l'histoire moderne. Le prix moyen pour un morceau de Mur en février 1990 s'élevait à 50.000, - DM. Plus tard, les morceaux de Mur peints furent numérotés, munis d'un certificat et vendus aux enchères lors d'une vente mémorable à Monaco.
Ainsi, il n'y a plus de Mur à Berlin. Les restes en sont éparpillés dans le monde entier et ont trouvé leur place dans les musées, chez des célébrités diverses, du Vatican au Reagan's Memorial Center, comme décoration et à la fois comme symboles de paix. Enfin des restes du Mur ont également été broyés et employés pour la réfection des routes des nouveaux Länder.

Der rote Strich

Nun schwindet nach Jahren selbst bei Berlinern und ihren Besuchern die Erinnerung an die einst »berühmte« Mauer, die Berlin so bizarr teilte. Immer öfter hört man: »Wo war sie denn? Wie war ihr Verlauf?« Deshalb griffen der Geschäftsführer der »Partner für Berlin« GmbH, Herr Hassemer, und der Regierende Bürgermeister, Herr Diepgen, 1996 vor laufenden Fernsehkameras zu Pinsel und roter Farbe und malten eigenhändig einen roten Strich auf die Niederkirchner- und Zimmerstraße. Das war der Anfang einer kompletten Markierung, die den einstigen Verlauf der Berliner Mauer für die Nachwelt sichtbar machen soll. Die Ironie der Geschichte: Eberhard Diepgen (CDU), als Student in den sechziger Jahren selber Aktivist im Kampf gegen die Mauer, mußte ihr als Regierender Bürgermeister diese »Ehrung« zuteil werden lassen, um Touristen aus der ganzen Welt weiterhin nach Berlin zu locken – und für die war und ist die Mauer oft das Interessanteste an dieser Stadt.

The Red Stripe

Now after all these years even Berliners and visitors to the city often have problems to find the sites where exactly the Berlin Wall was located. Therefore the Mayor of Berlin, Eberhard Diepgen and the Director of »Partner for Berlin«, Volker Hassemer 1996, themselves started with brush and paint to draw a red stripe along a part on the street of Zimmerstrasse near the former Checkpoint Charlie, where the famous Wall once devided the city of Berlin. This was the beginning of the complete marking. Ironically Eberhard Diepgen as a student was active against the Wall – now as mayor he has to »honour« it, as to the tourists from all over the world the Wall seemed and still seems to be the most interesting thing in Berlin.

La linea roja

Con los años los visitantes de Berlin y los mismos berlineses comienzan a olvidar el »famoso« muro que devidió a Berlin de manera tan llamativa. »Por cierto, dónde estaba el muro y cuál fue su curso?« se puede escuchar cada vez más a menudo. Por esta razón, el director de »Amigos de Berlin«, el Sr. Volker Hassemer, junto con el alcalde de Berlin, el Sr. Diepgen, marcaron con pincel y pintura roja ante las cámaras de televisión una linea roja sobre las calles Niederkirchner y Zimmer. Ese era el comienzo de la marcación total destinada a visualizar para las próximas generaciones el antiguo curso del Muro de Berlin. La ironía de la historia: Eberhard Diepgen (de la CDU) como estudiante en los años 1960 fue activista en contra de la existencia del Muro, debe hoy dia, como alcalde regente de Berlin »rendir homenaje« a lo que fue el Muro; para asatraer turistas del mundo entero. Puesto que para ellos el muro fué y sera lo más interesante de esta ciudad.

La ligne rouge

Après des années les berlinois eux-mêmes et leurs visiteurs se souviennent de moins en moins du »célèbre« Mur qui sépara si bizarrement Berlin. De plus en plus souvent on peut entendre »Où se trouvait-il? Où passait-il?« Ainsi le PDG de »Partner für Berlin« GmbH (partenaires pour Berlin), Monsieur Hassemer et le bourgmestre, Eberhard Diepgen, prirent-ils, en présence de la presse, un pinceau et de la couleur rouge pour tirer eux-mêmes une ligne sur les rues de la Niederkirchnerstraße et de la Zimmerstraße. Ce fut le début d'un marquage systématique qui servirait à montrer les endroits précis où se trouvait le Mur. Le bourgmestre Eberhard Diepgen (CDU) qui s'était battu contre le Mur dans les années 60 en tant qu'étudiant, était obligé de l'honorer de manière à ce qu'il attire les touristes du monde entier – pour lesquels le Mur était l'une des attractions les plus intéressantes de Berlin et l'est toujours.

28 Jahre stand die Berliner Mauer, viermal wurde sie perfektioniert. Die erste bestand aus einem Kreidestrich, knapp dahinter Ziegelsteine und darüber Stacheldrahtrollen. Unser Bild (links) zeigt die vierte und letzte Mauergeneration, hier genormte Betonplatten an der Bernauer Straße im Wedding. Fünf Jahre nach dem Mauerfall erinnert an der gleichen Stelle (rechts) nichts mehr an die Vergangenheit. Im gesamten innerstädtischen Bereich ist die Mauer bald nicht mehr zu ahnen – es sei denn, das Berliner Abgeordnetenhaus gibt grünes Licht für einen Vorschlag, der seit anderthalb Jahren auf dem Tisch liegt und gestern erneut vorgestellt wurde. „Mauer-Markierung" heißt das vom „Berliner Forum für Geschichte und Gegenwart" initiierte Projekt, das bei der angespannten Haushaltslage nur realisiert werden kann, wenn sich private Sponsoren finden. Bislang gibt es zwei Vorschläge von Westberliner Künstlern. Angela Bohnen möchte den gesamten innerstädtischen Mauerverlauf – 43,1 Kilometer – mit parallel laufenden, in den Boden eingelassenen und gefärbten Betonbalken markieren. Im Osten blau, im Westen rot. Der Architekturhistoriker Gerwin Zohlen schlägt hingegen ein Kupferband vor.

aku *Fotos: Stiebing/Zenit*

***die tageszeitung*, 9.11.1994**

East Side Gallery

Der längste noch erhalten gebliebene Ost-Abschnitt der Berliner Mauer befindet sich mit der rund 1,3 Kilometer langen »East Side Gallery« im Stadtbezirk Friedrichshain, entlang der Mühlenstraße zwischen Oberbaumbrücke und Hauptbahnhof. Dort haben sich bis zur offiziellen Eröffnung am 28. September 1990 118 Künstler aus 21 Ländern mit außergewöhnlichen symbolhaften Bildern verewigt.
Die längste »Freiluft-Galerie der Welt« auf dieser Strecke, die als innere Mauer auf DDR-Teritorium an der Spree entlangführte und fluchtwillige Bürger hindern sollte, durch die Spree zu schwimmen, hat eine besondere Geschichte, die erst nach der »Wende« begann: Sie entstand unter Mitwirkung der DDR-Grenzschutzbehörden. Sie war als Kompromiß angeboten worden, nachdem Versuche, die Ostseite der Mauer direkt am gerade geöffneten Übergang Potsdamer Platz zu bemalen, gescheitert waren. Der Streit entwickelte sich, nachdem eine Künstlerin mit blutrottriefender Farbe Anti-DDR-Slogans anzubringen versuchte. Die damals noch diensttuenden Grenzer fühlten sich verletzt und entfernten diese Parolen sofort durch Übermalung. In Folge bot man den Künstlern die Flächen an der Mühlenstraße an, mit der Auflage, daß die Entwürfe vorher offiziell abgezeichnet wurden. Eine Werbeagentur nahm sich des ganzen an und versprach 500 Mark für jeden Künstler, sowie die Beteiligung an den Erlösen des Katalogs und des Merchandising – wozu es jedoch bisher nicht kam.
1991 wurde die »Kunst auf Zeit« zur Dauereinrichtung: Sie wurde offiziell unter Denkmalschutz gestellt. Seit Jahren wird nun über die Zukunft der East Side Gallery diskutiert, die laut Senatsbeschluß vom Jahre 1995 erhaltenswert sei, aber Renovierungs- bzw. Sanierungskosten von 23 Millionen DM erfordere – die aber niemand zahlen will. Hinzu kommen ungeklärte Eigentumsverhältnisse am Boden. Dem Mauerkünstler Thierry Noir, der zusammen mit etwa 15 weiteren Künstlern seine von Umwelteinflüßen, Witterung und Graffiti in Mitleidenschaft gezogenen Kunstwerke honorarfrei unter Mithilfe von Sponsoren zu restaurieren beabsichtigte, wurde schriftlich verboten, seine eigenen Kunstwerke zu übermalen. Der Direktor des Bundesvermögensamts, Uwe Hacker, kündigte Noir im August 1996 per Fax an, daß bald »Teile der Mauer zur Erschließung der Grundstücke entfernt« würden. »Andere Mauerteile sollen, wie es Planungen vorsehen, in eine Parkanlage integriert werden ... was eine Neubemalung derzeit unsinnig erscheinen läßt.«
Noir hat den Verdacht, daß »das zuständige Amt nur auf die Baufälligkeit wartet, um dann wegen angeblicher Gefahr die East Side Gallery abreißen zu dürfen, damit der Weg für die Bauvorhaben auf den Filetgrundstücken an der Spree frei wird«. Einige Kunstwerke, wie das sehr bekannte »Bruderkuß«-Bild des rus-sischen Künstlers Dimitri Vrubel und das »Vaterland«-Bild von Günther Schäfer, sind seither mit Sponsorengeldern erneuert worden, jedoch bereits wieder Vandalismus und Graffiti-Attacken zum Opfer gefallen. Auf Nachfrage bei allen Verantwortlichen war bei Drucklegung dieser Auflage nur zu erfahren, daß sich alles in der Schwebe befindet und nichts konkret sei. »Noch ist nichts spruchreif«, sagt Berlins oberster Denkmalschützer. Wie sagte doch Walter Ulbricht am 15. Juni 1961: »Niemand hat die Absicht, eine Mauer zu errichten.«
Nach wie vor verlangsamen Touristenbusse ihre Fahrt, die Fahrgäste lauschen gespannt den wortreichen Erläuterungen der Begleiter. Aber die East Side Gallery verfällt unaufhaltsam. Bald wird es auch von dieser »Ostmauer« nur noch fotografische Zeugnisse geben.

East Side Gallery

The longest remaining stretch on the east-side of the former »Berlin Wall« is located along the Mühlenstraße in the District of Friedrichshain between Oberbaumbrücke and Hauptbahnhof. 118 artists from 21 countries inaugurated this exceptional and symbolic work of art on September 28th, 1990. The »longest Open-Air-Gallery in the World« was originally built along the banks of the Spree river to prevent possible refugees from swimming across the border to the westside. The Gallery has a special history as it was originally initiated by the former DDR border-authorities. It was a compromise after East-Berliner artists started to paint the Wall after the official fall on the still untouched eastside. A public relation company which offered assistance never realised any promised benefits for the merchandising.

Alexej Taranin (UdSSR)

In 1991 the status of the East Side Gallery changed from temporary to permanent when the City of Berlin declared it an official historical memorial.
A study has revealed that maintenance and restauration of the Gallery will cost 23 Million DM – which no one has yet offered to fund. Besides this, pending suits concerning unclear ownership and investment plans dog the art project. Weather, pollution and vandalism have since taken their toll. In 1996 some of the artists with the help of sponsors offered to restore their paintings, but had no assistence by the authorities. There are fears they are only waiting for the complete dilapidation of the Gallery in order to make way for big investments on the banks of the Spree. No answers yet to all these questions. But keep in mind what was said on June 15th 1961 by the former head of DDR: »Nobody is planning to errect a wall.«
Every day as always, one observes many tourist busses along the interesting East Side Gallery. Soon there will remain only photographic documentary of this as well.

East Side Gallery
El más largo de los todavía restantes pedazos del Este del Muro es el »East Side Gallery« con una longitud de 1,3 km, en el barrio de Friedrichshain, a lo largo de la calle Mühlen, entre el puente Oberbaum y la estación central. Allí se immortalizaron hasta el dia de la apertura oficial, el 28 de Septembre de 1990, 118 artistas de 21 países con pintadas de un simbolismo fuera de lo común. La más larga Galeria »al aire libre del mundo«, se encuentra expuesta en la superficie de éste trozo de muro, la cual como parte de muro interno del territorio de la RDA, recorría el curso del río Spree, y debía alejar los deseos de fuga de los ciudadanos, que querían atravesar el río a nado. Todo ésto tiene una historia particular que empezó por primera vez después del »Cambio« en 1989, con la cooperación de la RDA, hasta ese momento fomentadora de dicha frontera protectora que era el muro. Así, el gobierno de la RDA se ofreció, por compromiso y como intento de reconciliación, a pintar el trozo de muro recientemente abierto situado al lado Este de la plaza Potsdamer, pero fue un fracaso. El conflicto tuvo

Birgit Kinder (DDR)
Test the best

▶
Peter Lorenz (BRD)

lugar después de que una artista intentara empapar el lugar con slogans claramente anti-RFA, en un color rojo ensangrentado. Los hasta entonces controladores de la frontera, se sintieron directamente aludidos y heridos por dichos escritos e hicieron repintar el muro de immediato. Seguidamente se ofreció a los artistas la superfície de muro restante de la calle Mühlen, con la condición de que los esbozos de sus pinturas fueran primero oficialmente aceptados. Una agencia de publicidad se apoderó de la totalidad de los derechos sobre la superfície, prometiendo 500 DM a cada artista, como participación de los beneficios del catálogo y margeting resultantes. Sín embargo, hasta el momento, ninguno de los artistas ha recibido nada.
En 1991 fue dispuesta la dirección que deberia seguir »El Arte del Tiempo«. Fue oficialmente presentada como protección a los monumentos. Durante años se discutió sobre el futuro de la Galería, sobre cual el Senado se decidió en 1995, por la conservación de obras de arte y monumentos. Aún y así, dichos costos de renovaciones, así como por ejemplo los costos de sanidad requieren una candidad de 23 milliones de DM que nadie quiere pagar. A ésto debe añadirse la problemática situación sobre la propiedad del suelo. Así, fueron artistas como Thierry Noir, conjuntamente con otros 15 artistas más de su entorno, quienes se propusieron restaurar el aspecto del muro, decorándolo con graffitis y otras expresiones artisticas, sin ánimo de lucro alguno y contando sólo con la ayuda de algún esponsor. Y fue terminantemente prohibido, incluso por escrito, cualquier retoque, modificación o daño en sus obras. El director de la protección del Patrimonio Popular, Uwe Hacker, aviso a Noir por fax en Agosto de 1996, de que pronto parte del muro sería demolido para poder dar paso a la urbanización del terreno, y de que otras partes del muro, según preveían los planos de obras, serían integradas en una gran zona de aparcamieto, lo cual daba a entender que una nueva capa de pintura en el muro parecía ya absurda. Noir sospecha, que la administrción competente espera sólo llegar al estado ruinoso del muro, para así, con la excusa de un supuesto peligro que éste supondría, para poder desmoronar la »East Side Gallery«, dejando así libre el camino hacia la recuperación del espacio del río Spree. Algunas obras de arte, como las conocidísimas »Bruderkuß« (Beso de hermandad) del ruso Dimitri Vrubel y »Vaterland« (Patria) hecho por Günther Schäfer, han sido desde entonces protegidas y restauradas con dinero donado por esponsores. Aún así, éstas obras siguen siendo víctimas del vandalismo y los ataques de graffiti. Como única respuesta a la demanda por parte de todos los responsables respecto a éste tema, se pudo experimentar que la presión creada por ésta situación sin respuesta, derivaba sólo en un suspenso total y nada era concreto. »Todavía no hay nada sentenciado« dice el protector en jefe del patrimonio de Berlin. Y como Walter Ulbricht, jefe del gobierno de la RDA dijo el 15 de Junio de 1961: »Nadie tiene la intención de levantar un muro.«
Igual que en el pasado, desaceleran hoy los autobuses turístas su marcha al atravesar esta zona y prestan mucho atención a las palabras del guía. Pero la »East Side Gallery« se desmorona irremediablemente y pronto quedarán también de éste »Muro del Este« sólo fotografías.

Barbara Greul Aschanta (BRD)
Deutschland im November

Günther Schaefer (BRD, USA)
Vaterland

Sándor Rácmolnár (Ungarn)
Waiting for new Prometheus

▶ Kentaur (Laszlo Erkel) (Ungarn)
You can see infinity!

▲
Kani Alavi (Persien, West-Berlin)

Rainer Jehle (West-Berlin) ▶
Denk-Mal, Mahn-Mal

East Side Gallery

La partie du Mur à l'est de Berlin la plus longue et qui existe toujours représente la East Side Gallery longue de 1,3 kilomètre et située dans le quartier Friedrichshain le long de la Mühlenstraße entre le Oberbaumbrücke et la gare de l'est (la gare centrale d'autrefois). Avant l'inauguration officielle le 28 septembre 1990, 118 artistes de 21 pays y ont crée des oeuvres d'une symbolique extraordinaire.

La plus grande »galerie en plein air du monde« qui servait de Mur intérieur se trouvait sur le territoire de la RDA afin d'empêcher les citoyens de fuir en sautant dans la Spree. Celle-ci a connu une évolution exceptionnelle qui a débuté avec la chute du Mur: les troupes frontalières participèrent à sa mise en place. Puisque les efforts pour peindre le Mur à l'est du Potsdamer Platz qui venait d'être ouvert, ont échoué, on a proposé la galérie existant aujourd'hui. Le débat a été provoqué par des slogans anti-RDA qu'un artiste voulait à tout prix afficher en rouge sang. Les douaniers se sentirent agressés et effacèrent immédiatement ces paroles. Il fut ensuite décidé d'abandonner aux artistes la surface de cet objet de désir dans la Mühlenstraße – à la condition qu'ils soumettraient leurs idées à la cen-

▼
Henry Schmidt (DDR)
Vergeßt mir die Liebe nicht

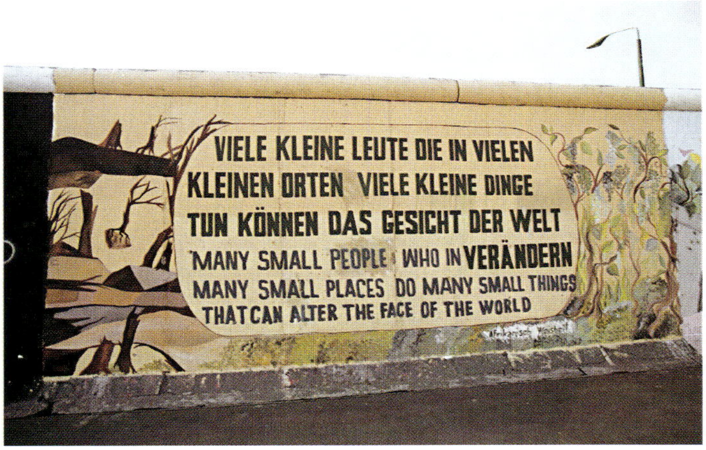

sure avant de se mettre au travail. Une agence de publicité a pris en charge le projet et a promis 500 DM pour participation à chaque artiste, pour la vente du catalogue et sa distribution, aujourd'hui personne n'a encore vu un seul centime.
En 1991 cet »art à temps« est devenu une institution permanente: il est officiellement sous protection historique. Depuis on discute de l'avenir de la galerie que le sénat de Berlin a décidé de conserver mais sans vouloir se charger des coûts de rénovations et de conservation estimés à 23 millions de DM. De plus, les problèmes de propriété foncière ne sont pas reglés. L'artiste du Mur, Thierry Noir, qui avait l'intention, grâce à l'aide de sponsors, de restaurer gratuitement avec 15 autres artistes les peintures abimées par la pollution et les graffiti n'a pas été autorisé à repeindre ses propres oeuvres. Le directeur du Bundesvermögensamt, Uwe Hacker l'a informé en 1996 par fax que bientôt »des parties du Mur seraient enlevées »afin de libérer des terrains.. D'autres parties du Mur seraient intégrées comme prévu dans des projets d'urbanisation, notamment dans un parc ... ceci rendrait donc une repeinture du Mur inutile acutellement.«
Noir soupçonne »l'administration en question de

▲ **Gábor Imre (Ungarn)**

◀ **Muriel Raoux (Frankreich) / Kani Alavi (Persien, West-Berlin)**

George-Lutz Rauschebart (BRD)

Jim Avignon (West-Berlin) /
Miriam Butterfly (West-Berlin) /
Thomas Fey (West-Berlin)
Doin it cool for the East Side

Lutz Pottien-Seiring (West-Berlin)

n'attendre que le délabrement de l'endroit pour détruire la East Side Gallery pour cause d'éboulement présumé afin de permettre les constructions prévues sur la rive convoitée de la Spree. Quelques oeuvres d'art comme la peinture »le Baiser au frère« très réputée de l'artiste russe Dimitri Vrubel et la peinture »Patrie« de Günther Schäfer ont déjà été restaurées grâce à une aide financière externe, mais ont de nouveau souffert des attaques de vandalisme. Malgré les différentes demandes auprès des autorités compétentes, les auteurs ne savent toujours rien de concret sur ce qui a été décidé. »Rien n'est encore décidé« dit le premier responsable des monuments historiques de Berlin. Comme disait Walter Ulbricht le 15 juin 1961: »Personne n'a l'intention de construire un Mur.«
Tous les bus touristiques ralentissent le long de la East Side Gallery, les passagers écoutent intéressés les explications détailliées de leur guide. Mais la destruction de la galerie est inéluctable. Bientôt cette partie du Mur de l'est ne sera plus également qu'un souvenir tel un album photos.

Dmitrij Vrubel (UdSSR)
Mein Gott, hilf mir, diese tödliche Liebe zu überleben

▲
Indiano (Jürgen Große)
(West-Berlin)
Die Geburt des Kachinas

Sándor Györffy (Ungarn)

Schamil Gimajew (UdSSR, DDR)

Andy Weiss (West-Berlin)
Geistreise

Fulvio Pinna (Italien, West-Berlin)
Hymne an das Glück

Gabriel Heimler
(Frankreich, West-Berlin)
Der Mauerspringer

César Olhagaray (Chile, DDR)

Slawa (Wjatscheslaw Schljachow) (UdSSR, DDR)
Die Masken

César Olhagaray (Chile, DDR)

Andrej Smolák (CSFR)

Kim Prisu (Joaquim Antonio Gonçalves Borregana) (Portugal, Frankreich)
o povo unido nunca mais veincido

Marc Engel (DDR)
Marionetten eines abgesetzten Stücks

Salvadore de Fazio (USA)
Dawn of peace

Dieter Wien (BRD)
Der Morgen

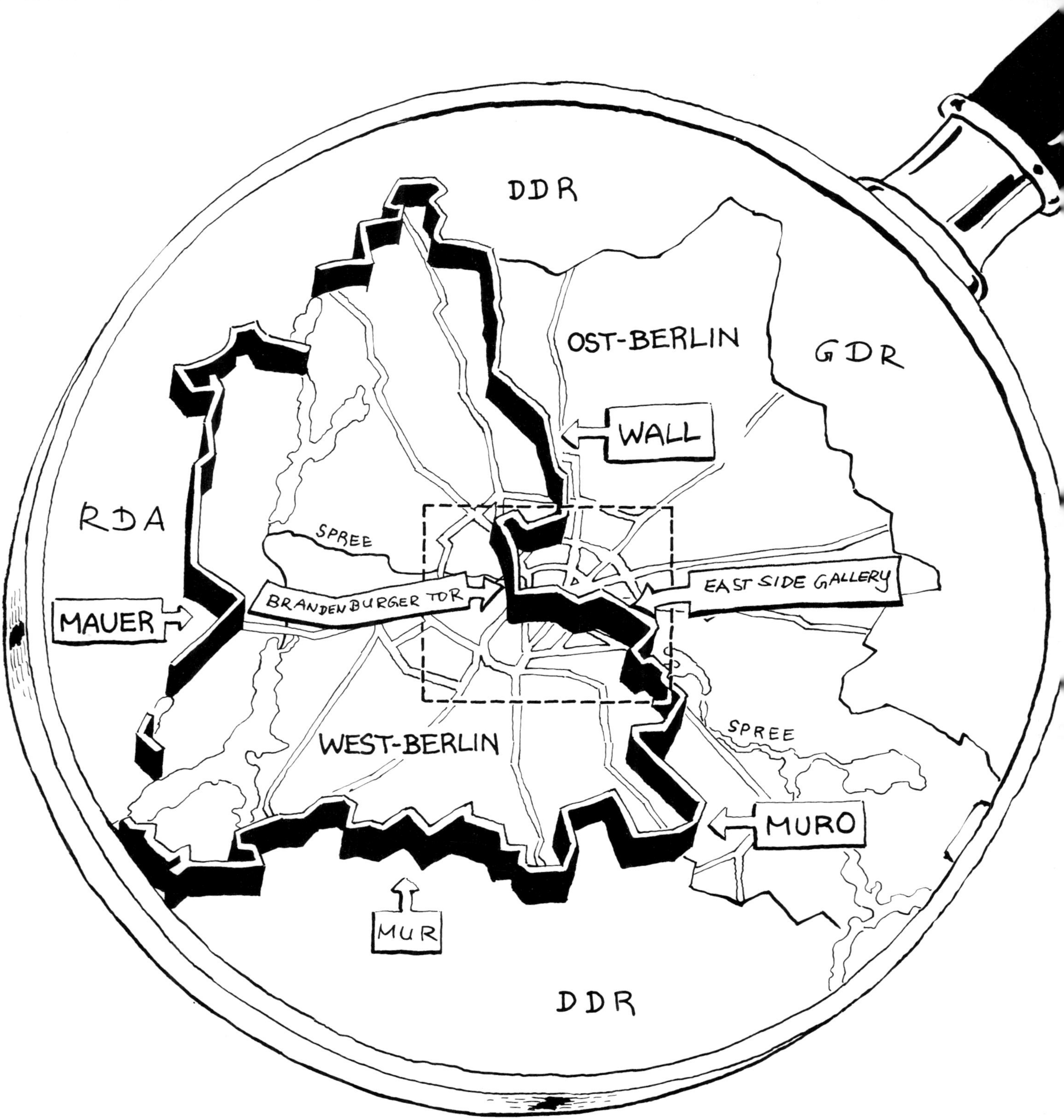

Heinz J. Kuzdas stellt Interessenten gegen Versandkosten und eine moderate Nutzungsgebühr eine Ausstellung mit Großfotos zur Berliner Mauer Kunst und zur East Side Gallery zur Verfügung. Diese Ausstellung wurde von ihm bereits weltweit in über hundert Orten gezeigt.

Anfragen richten Sie bitte an:

Heinz J. Kuzdas
Muthesiusstr. 30
D-12163 Berlin
Tel. ..49(0)30 -7 91 39 10
Fax -79 70 02 44